ほんの少しの勇気で
人生は10倍楽しくなる

だいじょうぶ

Daijoubu

ナターシャ・コーガン 著

宮崎伸治 訳

The Daring Female's Guide to Ecstatic Living

Natasha Kogan

Translated by Shinji Miyazaki

だいじょうぶ

もくじ

Contents

Contents

はじめに——わたしが本書を書いたわけ　　7

勇気を引き出すために（本書の使い方）　　13

一日一日、勇気をもって生きる

1. 心から楽しめるものを見つけ、毎日少なくとも10分行う …………… 17
2. 毎日新しいことを学ぶと老けない、病気にならない …………… 22
3. あとでもできることを今すぐやる …………… 27
4. 過去を振り返るより、今後のことを考える …………… 32
5. 行動を起こすことでフラストレーションを解消する …………… 38

夢は大きく、目標は高く

6. 「人生の願望リスト」を作り、毎年何かを達成する …… **45**
7. 夢を追いかける …… **51**
8. 自分の能力を超えたことに挑戦し、途中でやめる方法を知る …… **57**
9. 勇気を与えてくれる人を真似る …… **64**
10. なりたいと思う人間になる …… **68**

自分の中に埋もれている「勇気」を引き出す

11. 自分の欠点を愛する …… **77**
12. 得意技を身につけ、それを他人に見せる …… **82**
13. 創造性を発揮する …… **87**
14. 自分にラベルを貼らない …… **93**
15. しっかりとした意見を持つと同時に、その意見を変える柔軟性ももつ … **99**

恐怖心を捨てよ

16. 不平不満家は相手にしない …… **107**
17. 人生の回り道をする …… **112**
18. 最悪の事態になってもなんとかなりそうなら、リスクを冒す …… **119**

19. すばらしい夢を描く ……………………………………………… 125

20. 怖がらない ………………………………………………………… 129

ともかくやってみることだ

21. たまには得意だと思えないことをやってみる ………………… 137

22. 年に少なくとも1度は整理する ………………………………… 142

23. とにかく始めよう。どうなるかはそれから考えよう ………… 147

24. 年齢を気にしない ………………………………………………… 153

25. 新しい習慣を身につけるために年に6週間を費やす ………… 158

楽しく生きる

26. 人生を大いに楽しむ ……………………………………………… 165

27. 自分のことを笑う ………………………………………………… 170

28. 羽目を外す ………………………………………………………… 175

29. いい気分に浸る …………………………………………………… 179

30. ありのままの自分をみんなと分かち合う ……………………… 184

エピローグ　　190

はじめに──わたしが本書を書いたわけ
Introduction
〔or Why I Wrote This Book〕

人生を最高に生きるためには、自分に挑まなければならない。

　あなたがこの本を手にしたのは、人生が思いどおりにならないとか、仕事がうまくいっていないからかもしれない。あるいは、もっと充実した人生を歩みたいからかもしれない。
　いずれにしても、この本をきっかけとして、より充実した、より楽しい人生を歩んでほしい。人生の満足感や充実感を味わう力が自分にも十分備わっていることに気づいてほしい。

　もっとも重要なことは、思い切って何かをすることである。

　勇気をもって、今、この瞬間、最大限のものを引き出してほしい。困難なことでも、リスクを冒すことでも、まったく新しい挑戦でも、第1ステップは自分に挑戦を課すことである。
　あなたに代わって第1ステップを踏んでくれる人はいない。
　勇気を出して踏み出してほしい。

わたし自身のことを少し。

　数年前、わたしは夫と2人で出版社を立ち上げた。
　2人とも若く、ずぶの素人で、開業資金もたいしてなかった。しかし、わたしたちには、シリーズ本のアイデアがあった。なにより、わたしは本が

大好きだった。
　まったくの世間知らずだったから、始められたところもある。
　ある友人から尋ねられた。出版事業のために全財産を費やし、営業費もないのに大手出版社と競うことは怖くないかと。
　わたしは怖くないと答えた。
　もちろん、それはウソだった。実際、購入予定の家の頭金がすべてなくなることや、すべてが中途半端になってしまうことが死ぬほど怖かった。

　そこで、出版社を立ち上げるメリットとデメリットを書き出してみた。
　知識もない。資金もない。勇気もない。毎年7万冊もの新刊が出ているのに売れる本はほんのわずか……。どう考えてもメリットよりデメリットのほうが多かった。
　しかし、それでもわたしは自分の会社を立ち上げるという夢を追いかけた。

　実現不可能に思えることに対して、できない理由はいくらでも思いつく。しかし、リスクを冒さなければ、何が残るだろうか。
　「もしもやっていれば」「できたかもしれない」「すべきだった」という思いが残るだけである。
　そんなのはまっぴらだ。そう思ったわたしは、思い切って出版社を立ち上げることにした。
　もっとも重要だったのは、わたしが一日一日、自分の会社を経営するという目標を追いかけたことだ。以前より自分のことが勇敢に感じられるようになったことだ。それはたしかに大変なことだった。疲れ果て、フラストレーションがたまり、もう耐えられないと思う日々が何日も続いた。しかしそれだけの価値があった。

　会社を立ち上げてみて気づいたことがある。

それは自分が人生を楽しくするためなら進んでリスクを冒す人間だということだった。
　わたしは自分が順風満帆な人生を歩んでいると感じても、リスクを冒し、目新しいことをやる。それは勇気の第1ステップであり、もっとも楽しく、充実した人生を送るために必要な最重要ステップである。

　本当に生きるためには、勇気を出して何かをしなければならない。

　それぞれの挑戦が最終的に何につながるのか、正確には分からない。しかし、いったん自分に挑戦を課したら、戻ることはできない。

　とはいえ、その挑戦に成功するか否かはそれほど重要ではない。なぜなら、たとえ失敗しても、挑戦したことで勇気が湧いてくるし、新しいことが学べ、自信がみなぎってくるからだ。

　わたしは、自分が達成してきたことを書き出してみた。
　すると、そのいずれもが自分に対する挑戦から始まっていることが分かった。
　挑戦して失敗するほうが何もしないよりはマシである。

[挑戦1] 訛りを直すには歳をとりすぎている

　わたしは14歳のとき、家族とともにロシアから米国に移住した。
　わたしの話す英語は通じず、ショックを受けた。しばらくの間、米国では生きていけないと思っていたものだが、それでも少なくともなんとかしようという気はあった。
　アメリカ人の同級生のように話せるようになりたかった。みんなから、よく「14歳から訛りを完全に直すのは難しい」と言われたが、気にせずにが

んばった。

　わたしは学校から帰るやいなやテレビをつけ、聞こえてきた音を真似し、辞書で単語を調べ、覚えにくい言葉を書き出して練習した。何時間もよく繰り返したものである。わたしは、アメリカ人並みに英語が話せるようにありとあらゆる努力を払った。それには数年がかかった。恥ずかしいミスを犯し続けた数年であった。
　何度も失望しかけたが、今のわたしの発音を聞けば、普通のニューヨーカー、しかも、ニューヨーク訛りのないニューヨーカーだと思うはずだ。

[挑戦2] 無名大学出身者はお断り

　わたしは、大学卒業後、ニューヨークの某有名コンサルティング会社に就職した。
　同社は、わたしの母校のような無名大学の卒業生が就職できる会社ではない。しかし、ニューヨークで社会生活を送りたかったので、同社に応募した。面接の間は震え上がり、息継ぎをするためにトイレに駆け込んだくらいだったが、なんとか恐怖心を抑えることができた。その数ヶ月後、ニューヨークに移り、同社に入社した。

[挑戦3] その会社を辞める？

　しかし入社してから数年後、本当にしたいことは、小さな会社で働くことであり、将来は自分の会社を経営することだと気づいた。
　待遇のいい安定した会社を辞めるのは不安だったし、知人や友人も、そんないい会社を辞めるのは気が狂っていると言った。
　しかし、ある朝目を覚ましたとき、今辞めなければ、この先ずっと辞められないだろうし、本当にしたいことをする機会にも二度と恵まれないと

思った。

　わたしは思い切ってその会社を辞め、その後数年間はいくつかの小さな会社で働いた。うれしいことに成長した会社もあり、なかには失敗した会社もあった。浮き沈みはあったものの、重要なことは、リスクを冒しながら人生を最大限生きていたことだ。そして、それ以上刺激的なことはなかった。

[挑戦4]（アパートの中では）ビジネスを立ち上げることはできない

　自分の商品を一から作るという願望は消えてなくならなかった。
　そこで出版社を立ち上げることに決めた。わたしは、会社を経営するということ、立ち上げるだけでどれだけの時間と労力とお金が必要かということ、莫大な広告費が使える大手出版社と競うことがいかに大変かということを知らなかった。
　ある意味では最初にあまり多くのことを知らなかったわたしは幸運であった。でなければこの挑戦は難しすぎると思っただろう。知りすぎると怖じ気づくことを知っていたので、とにかく始めることにしたのだ。
　挑戦して失敗するほうが何もしないよりはマシである。今でも毎日が闘いだし、思いもかけず大変な思いをする日も多い。しかし、この世に生み出してきた数々の本を見返し、一から作り上げたことを思い返してみると、自分でもよくやったと思う。

[挑戦5] 本を出版したことのある人だけしか出版できない

　わたしのもっとも新しい挑戦は、本書の出版だ。こればかりはさすがにわたしも怖じ気づいた。わたしは、1冊も本を出したことのない人にとって本を出すことがいかに難しいかについて書かれた記事をたくさん読んだ。また、代理人や出版社を見つけることはさらに難しいという記事も読ん

だ。さらに、本を書くのに1年、出版してくれる出版社を見つけるのに5年かかったという作家の話も読んだ。気が滅入るとは、まさにこのことである。しかし、わたしはずっと前から作家になることを夢見ていたので、自分に挑戦を課し、出版社に売り込んだ。

　わたしは、経験を通して学んだことをお話しするために本書を書くことに決めた。

　本書を出版してくださり、感謝しています。

ナターシャ

勇気を引き出すために（本書の使い方）

Bring on the Dares
〔or How to Use This Book〕

　この本には勇気を見いだすための方法がこと細かく書かれてあるわけではない。何から何までこの本に書かれてあるとおりにする必要はない。参考にしていただければそれでいい。

　ざっと目次に目を通して、興味を覚える挑戦を選んでほしい。
　どの章から読んでもかまわない。もっと人生を楽しみたいのなら「楽しく生きる」の章を、困難に直面しているなら「恐怖心を捨てよ」の章を先に読んでほしい。
　この本をどう読むかはあなたしだいだ。

　ただし、1つだけお願いしたいことがある。
　本書に書かれてある挑戦に少なくとも1つは挑んでほしい。挑戦してみるまではそのすばらしさは分からないはずだ。だから、読み進めながら、挑戦する理由を見つけてほしい。

自分の「勇気」を探し始める前にすべき5つのこと

1. 変わる機会を自分に与えること
2. 失敗は成功のもとだと自分に言い聞かせること
3. 完全主義者にならないこと
4. せいいっぱい勇気を出すこと
5. すばらしいことが起きることを夢見ること

【挑戦難易度メーターの見方】

レベル1　挑戦に、少しだけ勇気が必要
Daring

レベル2　挑戦に、もっと勇気が必要
Ultra Daring

レベル3　挑戦に、かなり勇気が必要
Ultra-Gutsy Daring

一日一日、
勇気をもって生きる

Daily Daring Habits

勇気を出すには、バンジージャンプをしたり、ロックンロールをガンガン鳴らしながら赤いコンバーティブルを乗り回さなければならないと思っている人がいるかもしれない。

　それがいけないと言うつもりはない。高所恐怖症を克服したいのならすればいいし、イメージチェンジしたいのならすればいい。しかし、勇気を出すために別人になる必要はない。

　無理のない範囲でがんばればいいのだ。

　勇気を出すきっかけを待ってはいけない。それを毎日の生活の一部にしてほしい。

　あなたの人生にスパイスをきかせる「勇気を出す日々の習慣」を紹介しよう。何を望んでいようが、それをツールとして使ってほしい。

心から楽しめるものを見つけ、
毎日少なくとも10分行う

幸福はお金で買えるものではない。
それは自分が好きなことをしているときに感じるものである。

———マーセレーン・コックス（作家）

ある日のこと、前にいた職場で日程表に目を通していると、何もする気がなくなった。

　わたしはその職場での仕事が嫌いではなかったし、実際やりがいを感じていた。しかし、情熱を燃やしていたといったらウソになる。その日はさらにひどかった。メールを見ても、読むことも、返信もできないありさまだった。
　といって家に帰ることもできず、何もしないわけにもいかなかったので、何か楽しめることをして元気を出そうと思った。

　わたしはずっと本に情熱を燃やし続けており、本のことを考えるとそれだけで元気になるのだった。そこで、前からつけていた「本のアイデア日誌」を取り出して、本に関する夢についてしばらく思いを巡らせてみた。やがてわたしは元気を取り戻し、驚いたことに、電話が鳴ったときは、はつらつとして日常業務に戻れたのだ。

　心から楽しめるものを見つけ、毎日少なくとも10分行ってほしい。

　それで問題がすべて解決するわけではない。しかし、まちがいなく人生が明るくなるし、流されるまま生きるということもなくなる。
　わたしたちの人生は「しなければならないこと」でいっぱいになっており、本当に楽しめることを忘れがちだ。だからこそ、本当に楽しめるものを思い出して、それを楽しんでほしいのだ。

「忙しすぎる」という言い訳をしてはいけない。

　どんなに忙しくても10分くらいの時間はつくれるはずだ。送信する電子メールの数を1つ減らし、電話で話す時間を減らし、10分早く起きればいい。

　日程表をつけているのなら、それに「わたしの10分間」という項目を作り、「必ずしなければならないもの」と決めよう。
　作家志望の友人は、昼間に仕事をしながら、大学院に通っている。当然、彼女は大変多忙だが、楽しみながら書いた詩やショートストーリーをメールでよく送ってくれる。
　本当に好きなものなら、何をしてもいい。
　詩を書く、好きな作家の本を読む、鳥カゴを作る、造園をする、アクセサリーを作る、散歩をする、走る、泳ぐ、自転車に乗るなど、心から楽しめるものなら何でもいい。
　それは、しなければならないことではなく、「本当にしたいこと」をする10分間である。
　その10分間をうまく使えば、やがて知らず知らずのうちに、本当にしたいことに1日10分以上費やすようになるだろう。

　あなたが今読んでいるこの本も、わたしが自分でつけていた「本のアイデア日誌」を見ながら過ごした10分が出発点だった。そしてその後幾多の時間を経て「願望リスト」の項目が1つ実現し、自分のことを作家と呼べるようになったのだ。

◆本当に楽しむためのアイデア

* 好きな本を読む。
* 壁にペンキを塗る、壁に絵を描く。
* 親友に電話をする。
* 散歩する。
* ピアノ、ギター、バイオリンを練習する。
* 家のまわりを踊り回る。
* 私製ハガキを作る。
* 博物館に行く。
* お気に入りのCDに合わせて歌う。
* お気に入りの映画を観る。
* 人生計画を立てる。
* 変わったアクセサリーを作る。
* お気に入りのレシピで料理する。
* スクラップブックを作る。
* 子供と戯れる。
* 気持ちよく走る。
* 小説を書く。
* 日曜版を隅から隅まで読む。
* 友人に手紙を書く。
* 瞑想する。
* ジャグジーに入る。
* 好きな人と時間を過ごす。

＊家を改装する。

～チャレンジしよう～

本当に楽しめるものを2、3書き出して、それぞれに少なくとも1日10分費やそう。

毎日新しいことを学ぶと老けない、病気にならない

学ぶ楽しさを知れば、歳をとることが怖くなくなる。
何かを学んでいるかぎり、老いぼれることなどない。

───ロザリン・ヤロー（医師）

学生時代の唯一の仕事は学ぶことだ。数学の問題を解き、歴史の教科書を読み、論文を書き、絵を描き、新しいスキルを身につけ、知識を得る以外はほとんど何もしなくていい。実にすばらしい時間だ。

ところが社会人になると、仕事一色のあわただしい日々を送るようになる。その結果、新しいことを学ぶ時間もエネルギーもなくなってしまう。
　たしかに、わたしたちはつねに何かを学んでいる——他人と接し、仕事をし、新聞や本を読み、テレビを見、まわりで起きていることに目を向けて。
　しかし、わざわざ時間を割いて、新しいことを学んだのはいつが最後だっただろうか。

　毎日新しいことを学んでほしい。新しいスキルやアイデアを学べば、活気づき、成長できる。それによって人生がより楽しく、おもしろくなる。

　好奇心の赴くまま学ぶのもいいが、それ以上学んでほしい。そうすれば、新しいチャンスが生まれ、考えつかなかった道が見えてくる。
　事業を立ち上げることなど考えたことがなくても、たまたまベビーブーマーの服のトレンドに関する記事を読んで、独特な店を開店したいと思うかもしれない。手の込んだ料理ができるようにと料理教室に通えば、料理が大好きになってシェフになるかもしれない。
　人生がどうなるかなんてだれにも分かりはしない。
　しかし、学べば学ぶほど多くの機会が開かれる。

新しいことを学び続ければ、老けることも病気になることもない、という研究結果が次々と発表されている。
　『ニュー・イングランド・ジャーナル・オブ・メディスン』の記事によれば、頭を刺激（外国語を学ぶことから、詩を読むことまですべて）すれば老化が防げるらしい。人は何かを学ぶたびに若返るし、人間的な幅が広がる。だからこそ、つねに新しいことを学ぶべきなのだ。
　学んだことが何に役立つかは考える必要はない。銀行員にとって陶芸は考えられない趣味かもしれないが、やれば粋な銀行員になれると思う。

　興味があれば、それを学び、それに時間を投資して、人生に彩りを添えてほしい。学んだことが人生にどう役立つかは予想できない。が、意外な形で役立てば、それこそが学ぶ喜びといえよう。

　数年前、わたしは絵を描く決心をした。大学時代には日本に住んでいて、墨絵に興味をもった。しかし、教室に通う時間がなかったので民芸店に行き、店内を見てまわることにした。するとジェルペイントとアクリルペイントのセールをしていたので、それをきっかけとして抽象画を描くことにした。わたしは帰国する前に用具を買い、何を描くか考えた。

　わたしが住んでいるニューヨークのアパート近くにいる行商人は、変わった模様を描いた大きなキャンバスを売っていた。彼は水彩絵の具を使っていたが、それを新しく買ったジェルペイントを使って立体で書いたらどうかと思った。

わたしは自宅に戻るとさっそく挑戦してみた。何十回か挑戦したあと、ついにジェルペイントを紙にくっつける方法が見つかった。

驚いたことに、わたしは自分が描いたおかしな絵が好きになった。わたしにはピカソほどの才能はないが、本当に楽しめる娯楽を見つけた。

毎年、その年に学んだことをすべてノートに書き出すといい。

新たにできるようになったこと、思いついたアイデア、読んで記憶に残っていること、自分やまわりの人たちに見いだした新しい性格などだ。

それを読めば、自分がつねに成長し、変化していることが実感できる。

人生は短い。

ほとんどの人には自由時間がふんだんにあるわけではないし、日程表にはつねに処理しきれないほどの項目がある。

しかし、毎日新しいことを学ぶのは、数分でできる。食べたり、眠ったり、呼吸したりするようなものだ。本当に充実した人生を送りたいのなら、それをすべきだ。新しいことを学ぶのは、ときどきではいけない。いつもすべきだ。どんどん新しいことをやってほしい。

◆学ぶためのアイデア

＊雑誌や新聞を読むとき、普段は読み飛ばす分野の記事を毎日1つ読む。

＊毎日やっていることとはまったく違う分野の教室に通う。たとえば、吹きガラス、ギター、料理、タップダンスなど。

* 新しいスキルを身につける。たとえば、外国語会話や絵画など。
* ほとんど知らない分野の本を読む。たとえば、政治学、風水占い、写真撮影術など。
* 豆知識の本を買って、毎日、数分読む。
* 友人が参加している編み物・小説・Ｂ級映画愛好会・絵画などのグループに連れて行ってもらう。
* 料理本を買って、一度も料理したことのないレシピで料理する。
* いつもとは違う道を通って家に帰る。

～チャレンジしよう～

　身につけたい知識やスキルを今から数分間で書き出そう。そして、その1つを選んで、ただちに学び始めよう。

あとでもできることを今すぐやる

取りかかるのを先送りしていると、だんだん取りかかりにくくなる。

———ジェサミン・ウェスト（小説家）

あなたは日程表を何度見返しただろうか。そのなかで、もともとしたくなかった項目を見て、何度「これはあとでやろう」と思ったことだろうか。

　だれにでもそういうことはあるだろうし、後回しにしたとき、「疲れていた」「忙しかった」「他のことに気をとられていた」などと言い訳をするだろう。

　しかし、どんなにもっともらしい言い訳をしようが、それによって日程表から項目が消えることはない。日程表の中だろうが心の中だろうが、すべき項目が残っているかぎり、それが重荷となって、本当に楽しいことに使えるはずのエネルギーが消耗してしまう。
　あとでもできることを今すぐやることだ。

　日程表は必ず守るようにする。1つひとつ片づけていけば、すっきりするし、自信もつく。それに、押し入れを整理するとか、歯医者の予約を入れるといったことよりも、重要で楽しいことを考えることができる。
　今できることであれば、たとえそれが先送りできることであっても、すぐにやっつけてしまおう。

　もちろん、本当に先送りにせざるをえないこともあるだろう。すべきことが多すぎると、すべてをいっぺんにこなすことはできないからだ。
　わたしは慎重に日程を組む。毎朝、コーヒーを飲む前や、パソコンを立ち上げる前に、その日にすべきことを書き出すことにしている。
　その際、それがいつできるかを考え、もしできそうになければ、日程

表には入れない。日程表の項目を1つひとつ片づけていくのは楽しい。それによって大きな達成感と満足感が得られるからだ。

　その反面、日程表の半分しかできなかったら、落ち込んでしまう。
　すべての項目がやり遂げられない日もあるが、1日でできることをより正確に予想できるようにはなるし、1日がいかに短いかということも悟る。

　あなたは「こんなことたいしたことではない、先送りにできるのなら、先送りしてもいいではないか」と思うかもしれない。たしかに、歯医者に行く予定なら、多少遅らせても、大丈夫だろう。
　しかし、小さいことを先送りする人は、たいてい大きなことも先送りしているものだ。
　ダイエット、引っ越し、転職、家庭を築く……。
　こういう大きなことを先送りすることは、今日クリーニング屋に服を取りに行くのを先送りすることより影響力は大きい。
　もちろん、ある目標を追い求めるために、何かを先送りしなければならないときもある。たとえば、長年貯めたお金で家を買ったばかりで、安定した収入が必要なら、転職するのは待ったほうがいいだろう。

　しかし、リスクを冒すのを恐れ、いつか理想的な時が来ることを期待して、大きなことを先送りしているのなら、実りの多い人生を歩むチャンスを逃しているかもしれない。

大きなことをするのに理想的な時などあるものではないし、「光陰矢のごとし」である。
　日程表に入っている項目を覚えておき、つねに何かを成し遂げるチャンスを探してみよう。**今日しようとしないで、なぜ、明日ならできるのだろうか。**

　たとえば、今の仕事が嫌いなら、すぐにでも何かを始めることだ。転職を考え始め、どんな可能性があるかを調べ始める。あるいは、会社は辞めずに、上司に職務を変えてほしいと申し出るのもいい。転職に関する本を買って読んだり、友達に電話をかけてアドバイスしてもらったりしてもいい。物事が好転するのをただ期待して待っていてはいけない。１ヶ月もすれば、しやすくなると思ってもいけない。

　今すぐ実行に移してほしい。具体的な行動を起こすことだ。
　もちろん、すべてのステップがあなたを正しい方向に導くという保証はない。しかし、自分が前進していることが分かるだけでも大いにプラスになる。

◆あとでもできることを今すぐ実行するためのヒント

　　＊延期していた予約を入れる。
　　＊改装してみたかった部屋を改装する。
　　＊シェイプアップする。
　　＊本当にやりたいことを見つけて、それを始める。

＊転職する。
＊昇進または昇給を申し出る。
＊片思いの人をデートに誘ってみる。
＊腐れ縁を断ち切る。
＊行ってみたかったところに旅行に出かける。
＊以前から考えていたビジネスを立ち上げる計画を立てる。
＊将来の経済計画を立てる。

～チャレンジしよう～

今まで先送りしてきた「すべきこと」を書き出し、今週、少なくとも1つを実行しよう。

過去を振り返るより、今後のことを考える

充実した人生には失敗はつきものである。

────ソフィア・ローレン（女優）

数年前、わたしは待遇のいい、某有名コンサルティング会社を辞め、極めて不安定な小さな会社に入った。

大企業の歯車の一部となって働くより、自分の実力を存分に発揮できる職場で働きたかったからである。わたしは、あまり調査もせず、リスクも考えずに、そのチャンスに飛びついてしまった。

しかし、大金を儲けたとか、一生の恩師に出会ったというバラ色の結末が待っていてくれたわけではなかった。入った会社は問題だらけだった。さらに、入社数ヶ月後にはドットコムバブルが始まった。そのため、1年もしないうちに会社を辞めざるをえなくなった。
わたしは途方に暮れた。
途方に暮れた理由は、深く考えずに転職したことであった。自分の愚かさを痛感し、衝動的に決断したことを悔やんだ。

やがてわたしはコンサルティング以上に興味深い仕事を見つけた。
わたしにとってもっとも重要なことは、自己憐憫や後悔にふけることをやめたことだ。同じまちがいを再び犯さないためには、自分のまちがいを率直に認めなければならない。

わたしは二度と衝動的な行動をしないようにしたい。
そのために大きな決断をするときは「少なくとも1週間は決断を下さない」というルールを必ず守ることにしている。ルールそのものは単純だが、とても効果的だ。

わたしは自分に絶対的な自信があるときでさえもこのルールを守っている。それは、自分の決断を考え直そうとか、その決断のまちがっている点を探そうとしているからではない。興奮を冷まし、心変わりしないか確かめるためである。
　１週間経っても気持ちが変わらなければ、突き進んで、二度と後ろを振り向かない。

　過去を振り返るよりも、今後のことを考えることだ。
　だれもがまちがいを犯すし、それを後悔する。それが人間というものなのだ。人はまちがった決断をしたことに気づくと、「～すべきだった」「～できたかもしれない」といって後悔する。
　短い間だけ悩むのならいい。なぜなら、こうした感情も大切だからだ。しかし、延々と後悔したところで、惨めになるだけだ。
　だから、**後悔が避けられないなら、その後悔を本当にすばらしいもの──将来、より良い選択ができるようになるための教訓に──変えることである。**

　まちがいを犯して、後悔したら、それを紙に書き出すといい。そして、あとに紹介する発想転換法を使って、後悔を教訓に変えて、同じまちがいを犯さないようにしよう。

　たとえば、恋人が遅刻してきたことに対して、その理由を聞く前にカッとなったとする。やがてあなたの頭は、「彼を延々と非難するのではなく、時間どおりに来なかった理由を彼に説明させるべきだった」など

「〜すべきだった」「〜できたかもしれない」でいっぱいになるだろう。

　そのような後悔を糧にして、「今度だれかに腹を立てたとき、怒鳴る前に、彼らの行為について説明するチャンスを与えよう」というように生産的になることだ。
　自分の後悔を将来の行動計画に変えたあとは、時間をかけてそれを自分に染み込ませ、二度と同じ後悔をしないようにする。

　わたしはベティ・ディッチのことを知った。ベティは、後悔とは無縁といってもいい女性である。
　ベティはドットコムブームの間、株で大金を失った。
　失望していたにちがいない。そのとき、ベティにとってもっとも簡単なことは、後悔することだっただろう。お金を投資したこと、優秀なブローカーを雇わなかったこと、質の悪いブローカーをすぐに解雇しなかったこと……。
　後悔しようと思えば、いくらでも後悔できただろう。しかし、ベティは過去を振り返らなかった。そのかわり、彼女は夫と、株の売買がシミュレーションできるゲーム「ウォールストリートスピン」を考案した。これならプレイヤーもリスクを冒さずに株の売買ができるというわけだ。ベティは、このゲームをつくるとき、株で大金を失った人たちを元気づけたいと思ったのだ。
　この話を参考にして、あなたも未来を切り開いてほしい。

◆発想転換法

＊「〜すべきだった」「〜できたかもしれない」を
➡「〜する」「〜できる」と考える

＊わたしは上司の指示も仰がずにプレゼンをして失敗したが、上司にプレゼンの構成のしかたを聞くべきであった。
➡ これからは、恐れずに援助を求め、それを弱さとしてではなく、プロらしさとして考えよう。

＊会議中ずっと黙っていたが、発言していれば、プロジェクトももっと良くなって信頼を得られたかもしれない。
➡ これからは、目立つのを恐れずに、言いたいことがあったら言うようにしよう。

＊相手が言ってほしそうなことを言うのではなく、自分の言いたいことをもっと正直に言ったほうが、うまくいっていたかもしれない。
➡ これからは、相手が言ってほしそうなことを言って相手を喜ばせようとするのではなく、自分の言いたいことを言う。

＊わたしは最後のケーキを食べるべきではなかった。そして、ここ数ヶ月の健康的な食生活を捨てるべきではなかった。
➡ これからは、健康になる努力を簡単に放棄せず、健康的な生活を送ろう。

~チャレンジしよう~

今から数分間で、後悔していることを書き出そう。それから、後悔するのをやめ、その1つひとつを発想転換法を使って、将来のための有益な教訓に変えよう。

5

行動を起こすことで
フラストレーションを解消する

挑戦して失敗するほうが、何もしないよりはいい。

　　　——フランシス・ウィラード（教育哲学者）

フラストレーションは、とても疲れるものである。フラストレーションの原因は、自分自身、仕事、家族などさまざまだ。

しかし、わたしはそのいずれが原因であれ、フラストレーションを感じると、「フラストレーション解消プラン」を開始することにしている。

では、その「フラストレーション解消プラン」とは何か。単純すぎて笑われるかもしれない。それは、フラストレーションを感じ始めたら、ただちに何かをすることだ。

鏡をのぞき込んだとき、過去数ヶ月の疲れが隠しきれないようなら、心身のバランスがとれていないということ。そんなときは身体を激しく動かす。ジムに行くか、20分散歩に出かける。その時間が取れなければ、時間が取れしだい身体を動かす。

「フラストレーション解消プラン」の最重要ポイントは、フラストレーションを感じたらすぐ具体的な行動に出ることだ。

休憩を取って再開すればいいというアドバイスを受けたことがあるが、わたしには効果がなかった。鏡を見てもしかたないと思ったときは、そのまま立ち去る。鏡に映った自分の疲れた姿を見ているとさらに落ち込むから。

しかし、運動であれ散歩であれ、何か行動を起こせば、それですべてが良くなりはしないものの、自分をコントロールしていると感じられる。その最初のステップに成功すれば、もう一度やってみようという気になる（ジムに行って気分が良くなれば、また行こうという気になる）。

行動を起こすことでフラストレーションを解消してほしい。

あなたが今までフラストレーションを解消するためにどんな秘策（ふとんの中にもぐり込む、チョコレートを食べるなど）を使ってきたにせよ、それは置いておいて、次のことを試してほしい。

今度フラストレーションを感じることがあったら、ただちにコントロールできる行動をとることだ。

その具体例をあげておこう。

＊「フラストレーション」を
➡「ただちに起こす行動のためのヒント」に転換する

＊仕事に行き詰まっている。何日もコーヒーを飲みながら深夜まで取り組んだが、糸口さえつかめないままである。
➡ 優秀な同僚を昼食に誘い、相談にのってもらう。
➡ 仕事の進め方が分からないときは、その仕事のほんの一部を選んで進めていく。その結果は、当面、考えない。

＊恋人に気持ちを説明しても、うまく伝わらない。
➡ 場所を変えて話す。たとえば、一緒に外に出て、歩きながら話す。電話で話しているのなら直接会って話す。自分の気持ちを紙に書いて相手に渡す。
➡ 言葉で説明しようとするのではなく、感じたことを絵に描いて見せる。

＊新しい家の購入（または外国旅行）のためにがんばってお金を貯めてきたが、十分なお金が貯まらない。
➡ だれかにファイナンシャルプランナーを紹介してもらい、経済計画と蓄財法の相談にのってもらう。
➡ 電卓と紙（パソコンが得意な人なら表計算ソフト）を取り出して、お金がいくら必要か計算し、無理のない範囲で倹約する。意外と簡単であることが分かるかもしれない。

＊夏までにスリムな身体になることを目指してジムに通っているが、一向にスリムにならない。
➡ ジムに行き、トレーナーの予約を入れる。お金はかかるが、より効果的にエクササイズができる。
➡ 次回から、練習メニューをすべて変える。違ったマシンを使い、練習時間を変え、楽しそうなエクササイズのクラスをチェックする。

　何を望んでいようが、自分にはそれを成し遂げる驚異的な力が備わっていることを認識してほしい。そしてその力を低下させずに、できるだけ頻繁に使うことだ。
　フラストレーションを感じ始めたら、その力を使って行動を起こしてほしい。何にフラストレーションを感じていようが、実際にそれは役立つはずだ。
　そうすれば、少なくとも自分の感情や出来事をコントロールしているという感じがもてるだろう。そして、コントロールできていると感じた

とき、どうすればフラストレーションが解消できるかがよりよく分かる。

◆フラストレーション解消プラン

[フラストレーションを感じることがあったら、次のとおり自問して、フラストレーション解消プランを最大限利用しよう。]

1. 何にフラストレーションを感じているだろうか。
2. それはなぜだろうか。
3. 以前、それに対して何をしただろうか。
4. それはうまくいっただろうか。
5. それに対して、今、何ができるだろうか。
6. それに対して、長期的に、何ができるだろうか。

~チャレンジしよう~

フラストレーションを感じるすべてのものに対して、フラストレーション解消プランを作り、成功を信じて全力で取り組もう。

夢は大きく、目標は高く！

Dream Huge, Aim Higher

勇気をもって夢を育ててほしい。

自ら設けた限界ほど自分を狭めるものはない。

あわただしい日常を繰り返すだけで、将来のことが考えられない、プランが立てられない、夢がもてないということではだめだ。

あなたに代わって夢を描ける人もいなければ、高い目標を掲げられる人もいない。

他人に任せていいのは、夢を実現する可能性をとことん疑うことだけである。あなたはそんなことには一切エネルギーを費やしてはならない。

夢は大きく、目標は高く。

思い描くことはすべて実現可能であることを信じてほしい。

「人生の願望リスト」を作り、毎年何かを達成する

はつらつと生きようと思えば、願望をもたなければならない。

――マーガレット・デランド（作家）

数年前、わたしはステファニーという女性と一緒に働いていた。わたしたち2人は、あるコンサルティング会社で働いていたのだが、1日18時間労働があたりまえのようになっていた。週末に休みが取れればラッキーなほうで、睡眠と食事の時間以外はまさに仕事一色の生活だった。好きな仕事ではあったが、仕事一色の人生では息が詰まり、気がおかしくなりかねない。

ある日、わたしはステファニーを昼食に誘おうと思い、彼女の事務所に入って行った。ところが彼女は不在だったので、ホワイトボードにメッセージを残すことにした。

メッセージを書き込もうとしたとき、そこに紙切れが貼ってあるのに気がついた。その一番上には「いつかしてみたいリスト」と書かれてあった。

それに目を通していると、それこそがステファニーの「人生の願望リスト」であることに気づいた。それには次のように書かれてあった。

「スキューバダイビングをする」
「ひと息に1冊の本を読む」
「すべての大陸を訪れる」
「仕事量を減らす」……。

彼女は、これを見て、延々と続くプロジェクトや顧客や会議から逃れ、人生で成し遂げたいことを確認していたのである。

Dream Huge, Aim Higher

　わたしは、ステファニーの「人生の願望リスト」を目にするまでは、新年の決意として非現実的な目標をたくさん掲げていた（春までに９キロ減量するというのを思い出す人もいるだろう）。
　「人生の願望リスト」を作ったほうがはるかにいいことに気づいたわたしは、その日帰宅するとさっそく自分も作ってみた。引き出しから新しいノートを取り出し、してみたいこと、経験したいこと、達成したいことを書き出した。

　たとえば次のようなことだ。

　　＊著書を出版する。
　　＊水泳のレッスンを受ける。
　　＊毎年少なくとも２回はパリで１週間を過ごす。
　　＊スキーのレッスンを受ける。
　　＊自宅にスタジオを作り、絵画のレッスンを受ける。
　　＊昼間の仕事を続けながら、自分の会社を経営する。

　わたしは「人生の願望リスト」を頻繁に書き直し、毎年何かを達成するようにしている。
　これは夢を思い出すのに非常に効果的で、また、自分が毎年どう変わるかを回想するのにも役立つ。
　「人生の願望リスト」を数分間眺めれば、憂鬱な気分も一掃できる。
　「人生の願望リスト」を作り、毎年何かを達成してほしい。
　日常のあわただしさから逃れ、生きているうちにしておきたいことを

考えてほしい。大きな夢を抱いて突き進んでほしい。

　どんなに非現実的な夢であろうと、本当にしたいことを書き出してみよう。あなたの「人生の願望リスト」を批判する人などいない。これはあなたが自由に作っていいのだ。そして作ってしまえば、人生でやってみたいことに対して正直にかつ勇敢になれるはずだ。
　自分が書いた「人生の願望リスト」を10年後に振り返って見たときにバカらしく思えたら、そのときに笑えばいい。

　「人生の願望リスト」は頻繁に書き直し、好きなもの、望んでいるもの、関心のあるものだけがリストに含まれているようにする。
　「人生の願望リスト」の中に、関心がありながら達成困難に思えるものがあっても、それを実現すべく全力を投入してほしい。
　いつまでにしなければならないという期限はない。一生かけてもいいのだ。何かを成し遂げようと思うのなら、どれくらい時間がかかるかなんて気にしなくていい。

　「人生の願望リスト」に関してもっとも気をつけなければならないのは、長い時間をかけても少ししか達成できなかったとき、負け犬のように感じてしまうことだ。
　そんなときは、「人生の願望リスト」は「行動リスト」ではないことを思い出してほしい。
　「人生の願望リスト」には期限はないし、やっている最中に変えてもいい。今は重要だと思うことであっても、1年後は重要だと思えなくな

ることもあるからだ。そのときは新たな目標を掲げればいい。

「人生の願望リスト」の中でわずかしか成し遂げられなくても、嘆く必要はない。「人生の願望リスト」は、願望・夢・目標の一生の日誌だと思えばいい。それを見てストレスを感じるのではなく、自分への励みにしてほしい。

◆「人生の願望リスト」を作るためのヒント

＊行ってみたいところ
＊会ってみたい人
＊研究してみたいこと
＊経験してみたいこと
＊身につけたいスキル
＊断ちたい習慣
＊身につけたい習慣
＊冒険してみたいこと
＊してみたい仕事
＊始めたい事業
＊世の中に望むこと

〜チャレンジしよう〜

　今から数分間で、何年かけてでも成し遂げてみたい目標や願望を書き出そう。この本の余白に書き出してもいい。しかし「人生の願望リスト」を別に作ることをお薦めしたい。メモ帳を買い、鞄などに入れておいて、頻繁に読み書きしよう。

　そして「人生の願望リスト」を使って、本当に望んでいるものを追い求めよう。

夢を追いかける

本当にしたいことは諦めてはならない。
他人を思う気持ちといいアイデアがあれば、失敗することなどない。

────エラ・フィッツジェラルド（ジャズ歌手）

わたしは、「夢を追いかける」と言うとき、なぜ「追いかける」という言葉を使うのか考えたことはなかった。しかし、夫と2人で出版社を立ち上げる決心をした直後に、それが明白になった。

わたしは以前から、新しいもの、独特なものを一から作りたかった。経験を積み、十分な時間とお金ができたときに取り組めるようになることを期待しつつ、長年、「アイデア日誌」にさまざまな商品やビジネスのアイデアを書き出していた。

やがてわたしは、夢を追いかけるのに理想的な時機などないことを悟った。時間がないとか、お金がないという言い訳はいつでもできる。しかし、**始めさえすればいいということもある。**

わたしはどうしてもやりたかったので続けたのだ。

わたしたちは、朝お金を稼ぐための仕事に出かけ、夜帰宅すると急いで食事をし、出版の仕事を第2の仕事として始めた。週末は出版の仕事で一色になり、友達と過ごしたり、街に出かけたり、新聞を読んだりすることが少なくなった。

ある日曜の午後、アパートの中で働きながら、すべてを諦めて逃げ出し、公園で一日中リラックスして過ごしたいと思った。

プリンターの不具合や、作家のかんしゃくや、次々送られてくる請求書にあっという間に貯金を崩されるといった恐れのない日々を懐かしく思った。プレッシャーや疲労、睡眠不足でつぶれそうな日々もあった。

極めて多忙な日々を2年間続けたのち、出版社が立ち上がり、わたしたちが作った本が書店に並び、読者の手に渡った。わたしたちは初めて

作った本を書店で見たとき飛び上がった。

　わたしは有頂天になった。それには２つの理由がある。１つは夢を成し遂げたこと。そしてもう１つは夢の実現のために懸命に働いたことである。
　そのどちらをよりうれしく思ったのかはわたしにも分からない。
　分かることは、この次に夢を追いかけると決めたときに、大きな自信と忍耐力が身についたことである。
　夢を追いかけてほしい。
　それは簡単ではないかもしれない。すぐに実現できず、きっと長い間、追いかけなければならないだろう。追いかけている間に、思いがけない障害にもぶつかるだろう。
　しかし、次のすべてに当てはまるようなら、夢を諦めるべきではない。

- ＊本当にしたいことである。
- ＊夢を実現するには相当の時間が必要であることを理解している。
- ＊本当に懸命に取り組まなければならないことを理解している。
- ＊たとえ、目標への道のりが困難に思えるときや、やめたいと思う日があっても最終的な結果と同じくらい、その過程を楽しめる。

　ハーバード大卒のタマ・キーブスは、安定した企業弁護士の仕事を捨

て、本を書くという本当の夢を追いかけた。

　しかし、処女作を書き始めるまでに長い年月を要した。実際、その本を書くのに12年を費やしている。

　その間、タマにとってもっとも難しかったことは、自分に対する疑いを克服することであった。彼女は、自分が書いた本が出版されなくなるとか、なかなか筆が進まないとか、すでに類書が何千冊も出ているといったことを心配していた。彼女は類書が書店の本棚に並ぶのを見るたび、ペンを投げ出したくなった。

　しかし、作家になることは、彼女の高校生のときからの夢だった。

　彼女は、高校時代に『ライ麦畑でつかまえて』を読み、本を読んだり、モノを書いたりすることが好きになった。

　彼女は夢を諦めたいと思ったとき、なぜその夢が自分にとってそれほど重要なのかを思い出した。

　ついに彼女の本が出版された。その後彼女はパーソナルコーチングの事業を立ち上げて、成功させた。彼女は夢を追いかけることによって、望みどおりの人生を築いた。なんとすばらしい人生だろうか。

　本を書くことであれ、歌手になることであれ、家を設計することであれ、夢を追いかけるには、心身ともに心構えが必要である。

　わたしはランナーになったことはないが、それはマラソンの準備をし、息を切らし、筋肉の痛みをこらえ、なぜこんなことをしなければならないのかと悩みながら走り抜くようなことだと思う。ゴールにたどり着くには、本当にしたいことを追いかけなければならない。

わたしは夢を追いかけるとき、ちょっとしたコツを使う。自分が夢を追いかける理由をリストし、手帳やパソコンのスクリーンに貼り付けるなど、見えるところに保管するのだ。目の前に見えるようにしておくと驚くほど効果がある。

あなたもやってみてほしい。なぜそれをすると幸せになれるのかを5つ書き出し、諦めたくなったら、それを見て、自分を励ましてほしい。これは、その夢をどれだけ追いかけたいのかの試金石といえよう。

したい理由を5つ思い浮かべることができないなら、いずれ、追いかけるべきかどうか考え直さなければならなくなるだろう。**人生は短い。本当にやりたいことだけをやって生きることだ。**

◆夢を追いかけるために必要なもの

夢を追いかけるときは、次のいくつかが必要になるだろう。

- ＊強い願望
- ＊困難でも続けていく意志
- ＊睡眠、リラックス、楽しいことなどに費やす時間を減らすこと
- ＊夫や妻、家族、友達などからの援助と激励
- ＊成功していないときでさえ、そのプロセスを楽しむ能力
- ＊尽きないエネルギー
- ＊自分との十分な会話（発想転換法を使ってほしい）

＊夢を追いかける理由を書き出したもの、手帳に書き出した格言、冷蔵庫やパソコンに貼り付けた格言

〜チャレンジしよう〜

　もっとも実現したい夢を2つ書き出し、たとえ実行不可能に思えても、そのうち1つに取り組む計画を立て、やり始めよう。

自分の能力を超えたことに挑戦し、途中でやめる方法を知る

自分はこの程度の人間だと思ってしまうと、
本当にその程度の人間になってしまう。

　　　　──ミグノン・マックローリン（ユーモリスト）

困難と思えることに挑戦してみよう。
　困難に直面して、「こんなことできやしない」と思ったとしても、待ってほしい。
「大丈夫、難しいけどなんとかなる」と思えるまで、頭を叩いて考え方を変えてほしい。

　最初のうちは、氷の上を走る車の方向を変えるようなもので、うまくできないかもしれない。しかし、少なくとも気持ちだけはがんばってほしい。できると思えなければ、できるふりをすればいい。
　冗談で言っているのではない。できると信じられるようになるまで、できるふりをしなければならないこともあるのだ。

　もちろん、できると信じることが第1段階である。第2段階は、できるようになることだ。

　数年前、ある小さな技術系会社からすばらしいオファーが来た。就職難の時代にしてはいい話だった。ただ、経験したことのない責任の重い仕事だったので不安になった。その業界には疎く、正式なトレーニングも受けたことがなかった。もしその仕事を引き受ければ、自分1人ですべてのことを理解しなければならないだろう。不安が募ったわたしは、この仕事のオファーを蹴ろうと思った。
「もし、分からなかったらどうしよう」
「もし管理職になれたとしても、みんなの期待に応えられないだろう」
「仕事を終えるのに夜を徹して働かなくてはならないだろう」……

このようなことを考えながら数週間過ごしたあと、そのオファーを受けることにした。

オファーしてくれた人たちは、わたしができると考えていたはずである。だからわたしもそう考えるべきだと思った。

その仕事を始めてからというもの、わたしは、少ない日でも10回くらいはやめることを考えたし、多い日には100回くらい考えた。しかし、それでもがんばって働いた。それは恐ろしく難しいことだった。しかし、しばらくして、コツをつかんだ（そしてそれを誇りに思った）。

自分の能力を超えたことに挑戦してほしい。
できそうにないことに手を出し、実現できそうにない目標を目指してほしい。手の届かないことだと思うことをやってほしい。自分の能力に対する思い込みによって自分に制限を設けている人は多い。「できそうにないことはやらない」という考え方は捨てて、新たな世界を切り開いてほしい。

* できる仕事だけして満足するのではなく、能力を超えていると思われる仕事を申し出る。
* 以前から学んでみたいと思っていた上級クラスを受講する。
* 「ほどほど」で満足せず、「最高」を目指す。
* どこまでできるか分からないときでさえ、困難な仕事でリーダーシップをとる。
* 10キロ走ではなく、フルマラソンのトレーニングをする。

最悪の事態とは何だろうか。
　手に負えないことに手を出している、疲れてイライラしている、マラソンで無理をして身体を痛めている、自分のことを勇気があるとは思えない、できないことに手を出したことに気づいて疲れ果てる……。
　そんなとき、あなたはどうするだろうか。

　まず、わたしがあなたの不安を取り除いてあげよう。
　自分の限界に挑戦すれば、がんばりすぎたと思うときが必ず来る。できそうにないことに手を出したときは、やめ方を知らなければならない。スローダウンするか、するのを諦めてスッキリすべきなのだ。あなたが直面している困難さが、乗り越えるべきものなのか、スローダウンすべきサインなのかを判断するのは容易なことではない。
　『夢を追いかける』章で書いたように、価値あるものが努力を払わずに手に入ることはない。しかし、挑戦することがプラスになることもあれば、ときにマイナスになることもある。
　しかし、どうすればその違いが分かるだろうか。

　休憩することをお薦めしよう。マラソンのトレーニングをしているのなら、数日休むことである。専門学校に通っているのなら、数回休んでみることだ。その後、またやる気になり、新鮮なエネルギーで満ちあふれたら、やればいい。逆に、休んでいるうちに、再開するのを恐れたり、しないほうが幸せだと思ったりしたなら、自分の能力を超えたことをしていたと思えばいい。

わたしのある友人は、エネルギーとアイデアとで満ちており、一瞬一瞬を大切にしながら生きている。

数ヶ月前、彼女は、記者になるべく夜間学校に通うことに決めた。片道の通勤時間に２時間も奪われていた彼女は、ゆくゆくは自宅の近くで働けるスキルを身につけたいと思っていた。そこで、週に２度、仕事を終えると、３時間の授業に出て、長時間バスに乗って家に帰った。

週ごとに疲れがたまるのが分かった。彼女は学期末まで出席したが、長期休暇に入ると、自分が手に負えないことに手を出していたことを悟った。疲れ果てて、生きる気力さえ失っていた。ついに彼女は、それ以上のことをするのは無理だと判断した。そして、もっと自由時間が取れるようになるまで、次のレベルの授業を受けるのを延期した。残念だが、そうするのが正解だと彼女は言った。

自分の能力を超えることに手を出してほしい。しかし、やめ方も知ってほしい。挑戦したあとで、続けられないことを悟ったとしても、敗北者でも挫折者でもない。それは困難なことから逃げることよりも、はるかにすばらしい生き方である。

自分には手に負えないと感じるまでやらないで、どうしてそれが手に負えないと分かるのだろうか。

◆否定的な考え方を肯定的に変える方法

＊「あなたが思っていること」を
➡「こう思う」ようにしよう

＊これはわたしの手には負えない。
➡これはわたしの手には負えないが、とにかくやってみよう。

＊忙しすぎてこれ以上何ひとつできない。
➡もし時間をうまく使えば、これができるかもしれない。

＊今までしたことがないから、挑戦しないほうがいい。
➡わたしはこのようなことを以前したことがないから、やるのが待ち遠しい。

＊みんなわたしができると思っているようだが、わたしにはできないことは分かっている。
➡みんなわたしができると思っているようだ。だったら、わたしができると思ってもいいはずである。

＊挑戦して、失敗したら、完全な敗北者のような気がするだろう。
➡挑戦して、失敗したら、自分には挑戦する勇気があったこと、また再挑戦できることが分かるだろう。

＊挑戦して、失敗したら、みんなわたしのことを敗北者だと思うだろう。

➡ 挑戦して、失敗したら、自分のことを勇敢だと思うだろうし、だれがどう思おうが気にならないだろう。

～チャレンジしよう～

　やってみたいが、難しすぎるように思えて、まだやっていなかったことを書き出そう。そしてその中から1つを選んで、挑戦しよう。

　自分の能力を超えたことに手を出したことが分かったら、「たとえ途中でやめることがあっても、ベストを尽くすこと自体すばらしいことである」と考えて途中でやめよう。

9

勇気を与えてくれる人を真似る

世界でもっともすばらしいことは、
学んだことを自分自身の方法で活かすことである。

――ワンダ・ランドウスカ（ミュージシャン）

すばらしいこと、冒険的なこと、途方もないこと、独特なこと、創造的なことをしようと思えば、実際にそのようなことをしている人たちからヒントを得ることである。たとえば、起業家、作家、映画製作者、芸術家、実演家、発明家、デザイナーなどだ。

　彼らのエピソードはテレビや本でよく紹介されているし、もっとも勇気を与えてくれる人が家族や友達ということもある。

　リスクを冒してまで自分が夢見ていることを成し遂げた人がいることが分かれば、勇気が湧いてくる。そうすることで夢が実現できそうに思え、リスクも小さく見え、途中で諦めることも少なくなる。

　数年前、わたしは何度か行き詰まることがあった。仕事と雑用に追われ、書く時間がまったく作れなかった。わたしは、いつかは本を書いてみたかったので、私と同じ境遇にありながら作家になった人について調べ始めた。

　やがてわたしはジャクソン・H・ブラウンを知ることになった。ニューヨーク・ベストセラー・リストに何年もリストされた大ベストセラーの著者である。

　彼は実際に小さなギフトブックのカテゴリーをつくり、今やほとんどの書店の本棚に並んでいる。わたしは彼の本が大変気に入り、彼の歩んできた人生に勇気づけられた。彼は広告業界で働いたあと、本を出版して職業作家となった。

わたしは思いつきで彼に手紙を書いて、自分が作家になりたいこと、本を出版してみたいということを伝えた。驚くことに、数週間後、彼から返事が来た。わたしたちは電話で話した。わたしは勇気づけられ、じっとしていられなくなった。その後、何ヶ月か電子メールを交換してから、直接ブラウン氏に会うためにナッシュビルまで飛んで行った。

わたしたちは、人生について、また、執筆について長い時間話し合った。正直なところ、その日はわたしのもっとも記念すべき日となった。

自分に勇気を与えてくれる人の真似をしてほしい。あなたがしてみたいことをしている人、実際に成功している人を見つけ、彼らがどうやって成功したか、どうやって自信をつけたか調べてほしい。彼らの性格や行動を書き出してみれば、自分の目標と夢を現実にする方法を理解する上で役立つ。失敗したことも書き出しておけば、役に立つ。というのも他人の失敗がまちがった方向に進むのを防いでくれることもあるからだ。成功に至る道は２つとして同じものはないが、あなたがしたいことをしている人のことを知れば知るほど、あなたとその人の共通点が見つかり、踏むべきステップが見つかる。自分で直に経験するのがいちばんだが、何かを初めて行うときは、他人を少し真似たほうがいいだろう。つまり、他人の経験から学ぶのである。

もし、将来、エステ＆スパを始めたいと思っているなら、マルシア・キルゴアについて調べてほしい。彼はニューヨークとロンドンでトップのエステ＆スパとなったブリスを創設した。

あるいは、ジュリー・アインガー・クラークについて調べてほしい。

彼は、自分の子供に学習用ビデオを作り、最終的にはディズニーに2000万ドル以上で売って大成功した会社『ベビー・アインシュタイン』を立ち上げた。

あなたは、出版されることを夢見ながら料理の本を書いているのだろうか。ヴィッキー・ランスキーの、簡単に作れる子供の料理集は、大手出版社には見向きもされなかったが、ベストセラーとなった。このようなすばらしい人たちについて、彼らがどのように夢を実現したかを調べ、彼らの勇敢さを真似てほしい。

創造的な人、勇気ある人、寛大な人、創意工夫のある人、決断力のある人について学べば、大いに学ぶところがあるだろう。また、どんな生き方をすればいいかのヒントになるだろう。

〜チャレンジしよう〜

勇気、創造性、寛容、おかしなスタイルなどで勇気づけてくれる人をリストしよう。彼らのことを調べて、勇気ある態度や彼らが夢を実現する上で踏んだ特別なステップを真似よう。

なりたいと思う人間になる

一日一日をどう過ごすかによって人生が決まってくる。

———アニー・ディラード（作家）

わたしは、数年前まで、したいことをする時間はいっぱいあるし、なるべき人にもなれると思っていた。
　将来が非常に長く感じられ、今後経験するだろうことや、変わっていくであろう性格を考えるとワクワクした。
　わたしが作った「夢の自分リスト」には次のようなものがあった。

* 長い間抱いていた自分のイメージを解放し、毎日、新しいことをする自由を得る。
* 自分に対しても他人に対しても、より忍耐強く、かつ、寛容になる。
* 足りないものを嘆くのではなく、あるものに感謝する。
* 友情を大切にし、いい友人をつくる。
* リスクを冒す勇気をもち、ばかげたリスクは冒さない。
* 人を判断するときは、焦らず、時間をかけて判断する。

　そんなある日、人生とは今この瞬間のことであって、未来のことではないと気づいた。
　将来を夢見る時間がいつまでもあるわけではない。
　忙しくなって、夢が「すべきだったこと」「できたかもしれないこと」に変わる前に「夢の自分リスト」を実行し始めなければならない。
　わたしは、なぜ急に急ごうと思ったのか分からない。１年１年が以前よりも速く過ぎ去るように感じ始めたからかもしれない。しかし、それはいい刺激になった。突然わたしは、なりたいと思う人間に日々、少しでも近づくべきだと思うようになった。

なりたいと思う人間になってほしい。
　だれもが人生の目標と夢をもっている。それは成し遂げたいことかもしれない。あるいは、どんな人間になりたいか、どんな人間だと思われたいか、かもしれない。もっと勇敢になりたいとか、もっと忍耐強い、バランスのとれた人間になりたいとか。華のある人になりたいとか、信頼される人になりたいとか。あるいは、保守的な生き方をやめて、もっと刺激的な人生を歩みたいとか。
　何であれ、始めることや、変えることを待ってはいけない。
　今やることだ。
　夢を実現させるには、それに必要なステップを踏む以外に方法はない。目標を達成するのに費やす時間が別枠であるわけではない（といっても、わたし自身、夢の実現だけ考えさえすればいい「夢をかなえる日」という祭日ができるのを望んでいるのだが）。**夢を実現し、目標を成し遂げるには、できるだけ多くの時間をつくらなければならない。それをするのは今しかないのだ。**

　では、何から始めたらいいのだろうか。
　どんな人間になりたいか紙に書き出そう。
　気の向くまま書いて、何が浮かんでくるか確かめてもいい。
　友人やあなたの子供があなたについて話しているところを想像してもいい。どんなことを言ってほしいだろうか。「夢の自分リスト」には、自分がすでに備えている性格、好きな性格、手に入れたいと思う性格を含めてみよう。

ほぼ書いたとおりの生き方をしていることを知ってうれしく思うか、あるいは今とはまったく違った人間を書くことになるか。これからの人生で取り組むべきことが浮かんでくるだろう。

　人間のもっとも優れていることは、変わることができることだ。あなたが今どんな人間であれ、将来変われないということではない。たしかに、人間は性格と遺伝子が組み合わさって生まれてくるが、どう生きるかについては驚くほどの選択肢を持って生まれてきている。
　どんな人間になりたいかを書き出すことは、なりたい人間になるための第1ステップである。

　なりたい自分を描写するときは、冷酷なまでに正直になることだ。
　これはあなたのリストであり、ここに書き出すべき性格は、あなたが気に入っているものだけにしてほしい。家族は（母親でさえも）立ち入らせてはならない。同僚や頑固な友達も同様である。どんな人間になりたいかを決めるのは自分しかいない。
　「夢の自分リスト」に本当に自分が望んでいるものだけを書き出すことは意外に難しい。
　人間は孤立して生きているわけではなく、特に好きな人やよく知っている人からは影響を受けやすい。わたしは頑固で独立心が強いが、「夢の自分リスト」に書いた性格が、本当に自分が追い求めるものであり、他人が望んでいるものではないと思うまでは何度か書き直さなければならなかった。
　たとえば、「完全主義者にならないこと」について考えた。よく考え

てみると、家族のみんながそれを望んでいなくても、わたし自身が望んでいることに気づいた。自分に対して厳しくなり、「夢の自分リスト」を本当に自分のものにしなければならない。

　もちろん、「夢の自分リスト」を作っただけで終わってはいけない。それを自分の一部にするには、しなければならないことがある。それが大変なのだ。

　わたしは、「より忍耐強くなる」という試みには失敗したが、「人に対して、より寛容になる」という試みには成功した。
　わたしがそれまで寛容になれなかったのは、自分に忍耐強くなることを言い聞かせていなかったからだ。
　わたしは、ただ忍耐強くなれればいいなとしか思っていなかったのだ。
　しかし、忍耐強くなるには、実際にしなければならないことがあった。

　わたしのある友人は何ヶ月もの間、わたしの電話やメールをチェックしてそっけない返事をくれただけで、自分からは電話もメールも一切くれなかった。わたしは気分を害したが、より寛容になりたいという願望を思い出した。そこで自ら率先して寛容になることにした。本能とは逆のことであったが、気分が非常に良くなった。恨みを抱き続けていいことなどないのだ。

　ときに「そこまで寛容にならなくてもいいだろう」と気がゆるんでしまうことがある。わたしはそのような気のゆるみといまだに闘っている。
　自分の「夢の自分リスト」を覚え書きにして、日常生活で、自分が望

む性格をつくり出すためにあらゆる努力を払ってほしい。

　主張する、大胆な服装をする、望んでいることを口に出す、新しく予期しないことに挑戦する、など勇気ある行為を始めてほしい。

　重要なことは、なりたいと思う人間になるための具体的なステップを実際に踏むことだ。手に入れたいと思う性格の1つひとつには、いろいろな方法があるはずだ。その1つを選んで今すぐ始めてみよう。

　大切なことを言っておこう。
　それは失敗することも考えておくべきだということだ。
　自分を変えようと思ったら、長い時間がかかるかもしれないし、失敗するかもしれない。でもあらゆるチャンスに挑戦してほしい。
　どんなことにでも言えることだが、やればやるほどうまくなる。**思い切った行動をし続けていると、自分でも気づかないうちに本当に勇敢になるものだ。**

◆なりたいと思う人間になる上で望ましい性格

- ＊ありのままの自分を素直に表現し、他人がどう思うかをあまり気にしない。
- ＊新しいことに挑戦しようとする。そして自分の人生を独特で予期できない経験で輝かせる。
- ＊野心と夢を抱いて、それを実現するための具体的ステップを踏む。
- ＊喜びをみんなと分かち合う。

＊何もかも自分1人でしなければならないことはないことを知っており、自分の勇気と本能に正直である。
＊社会の習慣や慣習にとらわれず、自分の信念を貫く。
＊自分が望んでいることを知っており、たとえそれが相当な努力と時間を要するものであっても、それを実現する勇気がある。
＊過去にしがみつかず、過去を将来の障害を克服するための学習経験として活かす。
＊自分自身とまわりの世の中に対する認識を変えることを恐れない。
＊つねに人生を楽しむための新しい方法を見つける。
＊理想的な時機が訪れるのを待たず、今ある機会を最大限活かそうとする。
＊何歳になっても、新しいことにチャレンジする。

～チャレンジしよう～

今から数分間で、「夢の自分リスト」を実行し始めよう。そして、それを日常生活の一部にする方法を見つけよう。

自分の中に埋もれている
「勇気」を引き出す

Let Your Inner Daring Female Shine Through

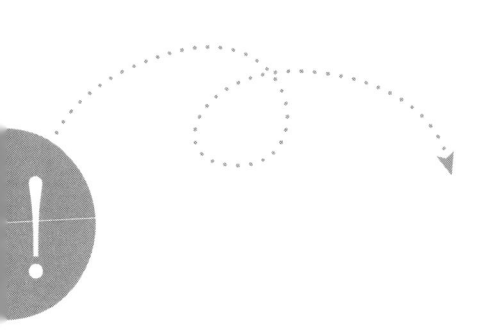

あなたは、自分のことが何から何まで好きではないかもしれない。しかし、他人のようになろうと思わないでほしい。
　ありのままの自分を楽しんでほしい。そして、まわりの人がありのままのあなたを知るチャンスを奪わないでほしい。
　自分を表現してほしい。
　しっかりとした意見を持ち、それを頻繁に表現し、楽しくて刺激的な人生を送ってほしい。
　ではここで、自分の中の「勇気」を引き出す方法をお教えしよう。

自分の欠点を愛する

あなたの欠点はあなたのいちばん素敵なところである。

———マリアンヌ・ムーア（詩人）

自分の欠点を話すことほど勇気のいることはないだろう。しかし、ここで勇気を出して、自分の欠点をお話ししようと思う。

　わたしには次のような欠点がある。わたしを知っている人なら、「そのとおりだ」といって大笑いするだろう。

- ＊わたしは本当にしたいことが見つかったら、何がなんでもそれをしようとする。
- ＊わたしの上の歯と下の歯はかみ合わないが、それは10代の頃にいろいろなおかしな歯列矯正器を付けていたからかもしれない。
- ＊わたしは潔癖性で、テーブルに新聞が積み重なっていたり、押し入れが散らかっていたら、眠ることすらできない。
- ＊わたしは80年代のＢ級映画が好きで、低級なポップミュージックも聴くことがある。

　わたしは、こうした性格や癖を隠すために大変な努力をし、うまくいくことが多かった。下の歯がうまく隠れるように笑っている写真は１枚や２枚ではない。高校時代は友達が家に来る前に、紙や服を投げ散らかしたほうがカッコいいと思って部屋を散らかしていた。

　これらは、わたしがまわりの人たちに合わせようとする努力のわずかな例にすぎないが、今考えれば実にバカらしい。下の歯が上の歯とかみ合ってないことを気にする人などいない。黙っていれば気づく人などほとんどいない。また、わたしの潔癖性を気にする人もいない（それに、

散らかすことでカッコよくしようと思っても、それでカッコよくなったと思ってもらえるほど散らかしていなかっただろう）。

　隠そうと思っていた多くの欠点は、まさにありのままの自分であり、自分らしさなのだ。わたしは、時が経つにつれ、欠点を隠すよりも、むしろいとおしく思うようになった。

　そして、できあがったイメージに合わせようとするのではなく、自由に生きるようになった。それはすばらしく爽快であった。

自分の欠点を愛してほしい。

　鼻が曲がっていようが、横縞の服にこだわっていようが、レストランで注文するのに20分かかろうが、こうした独特な性格はあなたらしさの一部なのだ。自分らしさを愛してほしい。ありのままの自分を大切にしてほしい。そうすれば驚くほど人生が楽しくなるだろう。

　みんながみんな同じ鼻の形で、パターンのないパステル調の服を着て、レストランでは2、3分で注文する世界を想像してみてほしい。恐ろしく退屈にちがいない。

　独特で他人と違うことはすばらしいことなのに、多くの人は、自分の欠点を隠すために大変な努力をする。そんなエネルギーは要らない。

　自分の欠点を隠すのではなく、受け入れてしまおう。自分の欠点を楽しめばいい。

　自分に正直になれば、あなたのことが好きになり、あなたを高めてくれる人と出会う可能性も高くなるはずだ。

これはわたしの友人が、恋人とくっついたり別れたりを繰り返していたことを聞いて思ったことだ。

　彼は彼女にとってぴったりの人だとわたしはいつも思っていた。２人は古くからの知り合いで、うまくいかない理由がわたしには分からなかった。彼は彼女を愛していた。どこから見ても女性たちが追いかけるようなカッコいい男性だった。しかし、恋をし始めると、いつも彼女は引いてしまうのだ。
　最近、わたしが、彼は彼女にぴったりの人だという１０回目のアドバイスをしたとき、彼女は納得のいく答えを返してくれた。彼が彼女の小さな欠点をすべて愛してくれないので、ぴったりの人ではないというのだ。

　たしかに彼女はだらしないところがある。いつもギリギリになって、ものを探しながら部屋を駆け回ったりする（しかも、間に合うことなどほとんどない）。それに、服に食べ物をこぼすので、昼食に何を食べたかが分かる。また、すぐ笑うし、ユーモアのセンスが変わっている。
　それはたしかに彼女の性格だ。彼は気にしないと彼女は言うが、それらは彼が彼女に惹かれたところではないし、彼女は、変わった振る舞いや、変わったユーモアのセンスも含めて、彼女らしさを嫌う他の人と良好な関係を築くことはできない。
　だから、**すばらしいところも変わったところも含めて、ありのままの自分になればいい。自分らしく生きることほどすばらしいことはないのだから。**

◆すばらしい人でも次のような欠点をもっているかもしれない

　＊猛烈な速さで話す。
　＊何もかも自分でしたがる。
　＊長い間、同じ場所にじっと座っていられない。
　＊平凡なことでも楽しみながらしようとする。
　＊一瞬一瞬を最大限活かそうとする。
　＊よく腹を抱えて笑う。
　＊頑固である。
　＊新しいことをしたがる。
　＊何をしでかすか分からないところがある。
　＊意見を言わずにはいられない。

～チャレンジしよう～

自分らしい欠点を3つ書き出そう。それらを隠すのをやめ、いとおしんで、人生を楽しもう。

12

得意技を身につけ、それを他人に見せる

好きこそものの上手なれ。

——コレット（作家）

屋根裏部屋のどこかに、トロフィー、卒業証書、勲章など、若かったころの栄光を思い出させてくれるものがあるだろう。

その栄光の箱を開けるたびに、乗馬の地区大会で優勝したときのことや、母校のサッカーチームが地区大会に進出したことなどを思い出して、思わず笑みがこぼれてくるだろう。得意技が他人に認められることほど力強く思えるものはない。

他の人はどうか知らないが、わたしにとってそれは病みつきになる感覚である。わたしはそれがとても好きなので、どんな小さな栄光であっても、1つだけは役立っている。それによって新しいことをする気が湧いてくるのだ。

自分がしていることに対する自尊心と、得意技を持っているという自信も心強いが、わたしのスキルが他人から評価されるととてもうれしい。わたしたちが出した本が、小さな出版社の書評など取り上げない雑誌で書評に載ったとき、わたしも夫も大喜びした。

わたしたちはその本の良さを知っていたし、書店に何度も足を運び、本棚に並んでいる本を見て、自分たちが出版した本を誇りに思っていた。しかし、それが出版界の権威に認められたときほどうれしかったことはない。書評を見るやいなや、知人や友人のみんなに電話やメールで伝えた。祝福を受けて励まされ、会社を続けていく自信がついた。

だれもが自尊心をもっているし、他人から認められるとうれしくなる。

それは人間としては自然で正直な感情であり、1つの例外を除けば悪いものではない。その1つとは、他人に印象づけるために成功を目指すことだ。自分の業績をアピールするのは自分だけでいい。他人に印象づけることができれば、もうけものと思うことだ。

得意技を身につけ、それを他人に見せてほしい。どんなスキルを身につけたいか、何を成し遂げたいかを考え、それを達成するための計画を立ててほしい。

仕事に関係することでもいい。たとえば、すばらしいプレゼンテーションの準備をする、だれも身につけていない最新の技術を身につけるなど、仕事で認められたいスキルや能力を得意技にしてほしい。新しく身につけたスキルによって仕事で成功しやすくなるだけでなく、自信が湧くし、他人に認められればうれしいだろう。

得意技を持てば、人生がガラリと変わる。

わたしはこの本を書いている間にスージー・ガルベスと知り合いになった。彼女は昔から化粧に興味をもっていた。8歳のときに、見栄えの良くない母親を助けようとして化粧のスキルを身につけた。彼女は母親の喜ぶ姿を見てうれしくなった。

営業の仕事を続けたが、母親の化粧を手伝ったときの母親の喜ぶ姿が忘れられなかった。それで彼女の会社が売却されたときに、「今しかない、今を逃すと本当にしたいことする機会は二度とない」と、エステティシャン養成校に通い、スパを買った。

彼女は、エステ＆スパのビジネスを成功させ、化粧のスキルを存分に

活かしている。顧客が喜ぶ姿を見れば、顧客本人よりもうれしくなると言う。

　得意技を身につけ、それを他人に見せることは、仕事以外のことであってもかまわない。仕事以外の分野で得意技を身につけることは、それなりにすばらしいことである。
　絵を描くのが好きなら、習いに行くことだ。一生懸命取り組んでほしい。がむしゃらに描きまくって腕を磨いてほしい。自分の部屋を絵で埋め尽くして家族や友人、来客を驚かせてほしい。
　ラムシチューの料理方法を学びたいのなら、最良のレシピの本と最良の食材を用意し、台所に数日こもってみよう。何度も試して、自分だけの創作料理が完成したら、ダイニングに入れるだけの人を招待して、試食してもらおう。

　おいしいムースの作り方であれ、おかしな家具のデザインであれ、得意技を持てば、心強くなる。すでに持っている自分の興味やスキルの1つを選び、それをレベルアップして、まわりの人たちと分かち合おう。自分の得意技を他人に認められてうれしくなるだけでなく、他人の人生までより楽しいものにできるだろう。それほどすばらしいものはない。

◆得意技はこうして見せることもできる

＊手製カードを家族や友人に贈る。
＊親睦会で自分のピアノ演奏のテープをみんなに聴かせ、だ

れがその演奏者かと聞かれたら、こっそりと教える。
* フランス料理のレストランに入ってフランス語で注文することで、フランス語を身につけたことを見せる。
* あなたの顧客に対する最高のプレゼンテーションを同僚にメールする。
* 友人のパーティでスリムになった身体を見せるために、大胆な服を着る。お世辞を言われたら、ひとこと「ありがとう」と言う。

〜チャレンジしよう〜

得意技にしたいスキルを2、3書き出し、それを身につけるべく取り組もう。チャンスがあれば、それをみんなに見せよう。

創造性を発揮する

わたしは、何も創造できなくなったら、終わりだ。

───ココ・シャネル（ファッションデザイナー）

歯科衛生士のリサに歯並びを直してもらっていたときのことだ。壁に小さな絵が掛けられているのに気づいた。わたしは長年リサに診てもらっており、彼女が絵が大好きであり、芸術家グループの地区代表であることを知っていた。

　歯を直してもらってから、その絵の作者はだれかと聞いてみたらリサ自身だった。彼女は、しばらく芸術家たちとつきあううちに、絵が描きたくなり、抽象画を描き始めたらしい。

　わたしはその日、思いもよらず、年に２度わたしの歯を痛めつけるリサに親近感を覚えた。それはわたしもときどき絵を描くからではなく、何か創造的なことをして現実逃避しないことには、日常の仕事がこなせないと思っていたからだ。リサは自分の絵について話すときは、活き活きとしていた。わたしも何かを創作しているときは活き活きしている。
　創造性を発揮してほしい。作家にならなければ文章が書けないわけでも、画家にならなければ絵が描けないわけでもない。文章と絵は自分を表現する方法である。
　創造性を発揮するための方法をいくつか提案しよう。

《小さいことから始める》

　週に１度または月に１度、創造性を発揮してほしい。
　使ったことのない食材を使って料理するのもいい。その料理を出したとき、家族が顔をしかめるようなら、料理のレパートリーを広げているのだと説明すればいい。たとえその料理が気に入らなくても、分かってくれるはずだ。

だれかに、ちょっとした手作りのものを贈るのもいい。バレンタインデーなら、手作りのお菓子を作ってもいい。大胆になることだ。手作りの贈り物は、市販のどんな贈り物よりも記憶に残るし、喜ばれるだろう。

《いいアイデアが浮かぶための準備をする》

創造的なアイデアは、海底の宝物のようなものだ。

いいアイデアを見つけ出すには、しばらく泳ぎ回り、まわりのものを見回しながら、いろいろな方向に進まなければならない。たっぷりと時間をかけて、いいアイデアを見つけてほしい。すぐに思いつかなくても焦る必要はない。

たとえば、家族や友人に手作りのカードを作ると決めたなら、近くの百貨店まで足を運んで、本当に独特なカードを作るためのおもしろい素材を見てまわる。いろいろな組み合わせを試して、すぐにいい組み合わせが見つからなくても悩むことはない。その店で売られているカードをすべてチェックすれば、自分のカードを作る際に大いに参考になるだろう。

《思いついたアイデアはすべて書き出す》

思いついたアイデアはすべて書き出すこと。

現実味がないとか、バカげているというだけで書き出すのをやめてはならない。実際はそんなことはないし、すばらしいアイデアにつながるかもしれない。

《インスピレーションが湧く場所に行く》

　作家リサ・ディラベックは、インスピレーションが湧きやすい図書館で執筆するそうだ。静かなところで何千冊もの本に囲まれていると、新しいアイデアが浮かんでくる。事務所や自宅に閉じこもって書こうとしてもうまくいかないのなら、図書館に行って、創造性を発揮してほしい。

《試す》

　新しいことをしたり、新しいものを作ったり、新しいことを考えたり、新しいものに触れてみてほしい。慣れたことだけするのは安全で心地よいことだが、創造的なアイデアを見つける上では最良ではない。

　一度も絵を描いたことがなくても、いつも描いてみたいと思っているのなら、描いてみてほしい。毎週1度はそのための時間を空けておき、延期してはいけないと決めることだ。

　いつも同じ仲間ばかりとつきあっているのなら、まったく違うタイプの友達をつくってほしい。それによって、まったく新しい人生経験ができるかもしれない。学校に通ったり、読書会に出たりすることでも新しい友人ができるだろう。

　自分らしさを引き出そうとしているかぎり、どう創造性を発揮するかは関係ない。

　人並み以上に創造的な人もいるが、だれもが自分独自のアイデアやスタイルを持っている。それを今以上に発揮させれば、人生はより華やかに、楽しく、充実したものになる。

日々の活動の多くは創造性を要求するものではない（創造的な仕事だけで食べていける少数の幸運な人を除けばだが）。創造性を発揮するには、失敗を恐れないことだ。

あなたが作ったチェリーパイがありふれた味だとしても、文句を言う人などいないはずだ。新しいものや独特なものを作り出せば、人生はもっと楽しくなる。

「わたしは創造的ではない」なんてけっして言わないでほしい。

先日、ある友人に、わたしが夫のために作った贈り物のことを話した。すると彼女は、「まあ、そんなことはけっしてできないわ。わたしは何も作れないの」と言った。

そんなことなどない。**だれもが創造的になれる。新しいものを試す自由を自分に与えて創造性を発揮してほしい。**他人がどう考えるかを気にする必要はない。小さなことから始めて、続けてほしい。創造性を発揮するとそれが大好きになるし、それこそがいちばん素敵なのだ。

楽しみながら、あなただけのすばらしい作品をこの世に残してほしい。

◆創造性を発揮するための方法

ここで創造性を発揮するための方法を紹介しよう。創造的なアイデアがすぐに思い浮かばなくても、がんばってほしい。

＊白紙のカードを買って、自分にしか書けないメッセージを書く。あるいは、自分にしか作れないカードを作る。

＊食事や映画鑑賞以外のおもしろいデートを考える。
＊おもしろい服を買う。
＊自分自身のアクセサリーを作る。
＊祝うべき日を設定して、友達と祝う。
＊絵本を何冊か買って、子供に戻る。
＊お気に入りのレシピを通常使わない食材を使って料理してみる。

～チャレンジしよう～

創造性を発揮したいと思う5つの方法を書き出し、それに挑戦しよう。たとえどんなことであれ、そのために努力すれば、人生は楽しくなるはずである。

自分にラベルを貼らない

不幸の原因は、事故でも、時間でも、不運でもなく、
自分自身であることを知ったときほど悲しい日はない。

———リリアン・ヘルマン（戯曲家）

どんな人であっても、自分にラベルを貼っており、それによってどう生きるか、何をするかが左右されている。
　自分のことをどう認識しているかを考えてみよう。そうすれば、自分でも気づかなかったラベルが見つかるだろう。
　ちなみに、昔、わたしが自分自身に貼っていたラベルは次のようなものである。

「わたしは事なかれ主義者である」
「わたしはリスクを冒すのが嫌いである」
「わたしはかなり几帳面で、散らかった状態には耐えられない」

　ラベルは悪いものばかりではない。なかには、個性が純粋に表現されたものもあり、自分を理解すればするほど、充実感や快感が得られやすくなる。
　わたしは几帳面すぎるくらいで、それを認識することは、マイナス面よりプラス面のほうが大きい。ところが、ほとんどのラベルは人生の視野を狭めるだけで、何の役にも立たない。
　わたしは自分のことを事なかれ主義者だと思っていたので、自分の会社を立ち上げるときに余計に時間がかかった。幸運なことに、長い時間がかかったがわたしにはそのラベルをはがす勇気があった。

　ラベルをはがす上で何が役立つか考えていたとき、それは非常に単純なことだと気づいた。出版社を立ち上げることに無我夢中になっていたので、事なかれ主義者の自分にそれができるかどうかなど考えなかった

のだ。

　自分にラベルを貼らないでほしい。自分はどんな人間かという思い込みを捨ててほしい。ラベルはじゃまになることがある。それをはがし、自分が何をどうするかを自由に選べる人生を歩んでほしい。

　ラベルはある日突然現れることはない。長い年月を経て身につくものであり、まわりの人々に影響を受けやすい。両親や先生から、「あなたは芸術（または音楽・科学・人間関係など）には向いていない」と言われたら、それを完全に無視するには、意志が相当強くなければならない。

　先日、ダイアナからメールをもらった。彼女はラベルがどれほど困ったものか、それをはがすにはいかに大変かが分かる格好の例である。

　彼女は高校時代、ジャーナリストを志望していた。一方、両親は、いい夫を見つけて専業主婦になってほしいと望んでいた。ダイアナは両親の意見に従い、秘書科に進み、結婚して２人の子供をもうけた。彼女は人生を大いに楽しんだが、数年後、専業主婦のままでは人生を思う存分楽しめないことに気づいた。
　そこでダイアナは30歳で大学に入学し、メディアおよびコミュニケーションの学士号を取得した。数年後、コロンビア大学大学院に進学し、国際教育開発の修士号を取得し、現在は、博士課程に在籍している。ダイアナにとって子守だけの人生から、それ以外の目標を追い求める人間になることは、大きな挑戦であった。

彼女は子供と一緒にいてあげられる時間が少ないことに罪悪感を抱き、母親としての役割を十分に果たしていないのではないかと悩んだ。家族のみんなは、彼女が大学で学ぶことを快く思っていなかったので、大変な思いをしながら学業を続けなければならなかった。
　しかし、努力の甲斐はあった。ラベルをはがさなければ、けっして学べなかったことを学ぶことができたからだ。彼女はすばらしい教育を受け、好きな仕事を見つけ、世界中を旅行し、たくさんの外国語を習得した。その一方で、母親として、また友人として子供にも接していた。

　ラベルは、単なる好き・嫌いではない。たとえば、にぎやかなパーティが苦手だとしても、それだけで社交性がないということにはならない。ラベルを貼ると、それが決定的なものになってしまう。つまり、自分にラベルを貼れば、「自分はこういう人間だ」と決めつけることになるのだ。その結果、人生における選択肢が制限されてしまう。

　気をつけなければならないのは、ラベルを貼ると人生が安易に思えることである。リーダーになるタイプではないというラベルを貼ってしまうと、リーダーになろうとしないだろうし、責任を負うストレスを避けようとするだろう。逆にいえば、リーダーになることで得られる興奮や満足を逃していることになる。
　ラベルという気楽さをたまには捨てる勇気をもってほしい。そうすれば、二度と安易なことだけしようとは思わないだろう。

　ある友人は、先日、インターネットである男性と知り合いになった。

2人はウマが合い、数ヶ月デートを重ねるようになった。わたしがそれを持ち出したわけではない。しかし、ちょうど昨年、わたしが彼女にインターネットのある出会い系サイトを薦めたとき、彼女はそんなことは考えたことがなかったと言った。彼女は、新たな出会いがないことに対して不満を漏らしており、運命の出会いを信じていると言った。彼女は見知らぬ人、特にインターネットで知り合った人には、自分から話しかけるタイプではない。

　2人の間に何が起こるかは分からない。しかし、「運命が出会わせてくれる」というラベルをはがしたことによって、彼女はいろいろな方法で人々に出会えるようになったのだ。

　ラベルは少なければ少ないほど刺激的な人生が歩める。自分に対する制限が少なければ少ないほど新しいものを見つける機会が増え、一緒にいて楽しい人にも出会いやすくなる。

　生き方しだいで人生はすばらしくなりうる。毎日が自分の勇敢さを試すチャンスなのである。

◆避けるべきラベル

＊わたしには才能がない。
＊わたしは踊りが下手だ。
＊わたしは食わず嫌いである。
＊わたしは新しいものは苦手だ。
＊わたしはスポーツが苦手だ。
＊わたしは新しいことを始めるのが苦手だ。

＊わたしはリーダーになるタイプではない。
＊わたしは出不精だ。
＊わたしはリスクを冒すタイプではない。
＊わたしはおもしろみのない人間だ。
＊わたしは創造性を発揮するタイプではない。
＊わたしは若い人たちと一緒に行動するタイプではない。
＊わたしは歳をとりすぎている。
＊わたしは若すぎる。
＊わたしは社交性がない。
＊わたしは価値があると思わないかぎり、何事もしない。

〜チャレンジしよう〜

　長い間抱いていたラベルをいくつか書き出し、それがどの程度正しいか考えてみよう。そのいくつかを思い切って捨て去り、いろいろな経験をしてみよう。

15

しっかりとした意見を持つと同時に、その意見を変える柔軟性ももつ

まちがったことを信じるほうが、何も信じないよりもマシだ。

────ジョージ・エリオット（作家）

もっとも興味深く、魅力的な人を何人か思い浮かべてほしい。そうすれば彼らに共通する1つの特徴に気づくことだろう。それはしっかりとした意見を持っていて、臆することなくそれを話すことである。

　彼らの意見があなたの意見と正反対で変わったものなら、あなたも気が気でなくなるだろう。かといって、あなたは彼らを退屈な人たちだとは思わないだろう。変わっている人は、退屈な人よりはおもしろいのだ。

　正直なところ、わたしはしっかりとした意見を持った人に偏見をもっている。わたし自身もそういう人間なのだ。わたしは政治から、音楽、食べ物、人々、靴のひもまで何から何までしっかりとした意見を持っている。あなたは圧倒されて、「そんなことどちらでもいいではないか」と言いたくなるだろう。わたしは好き嫌いがはっきりしすぎていて、好きな話題なら延々と話し続ける。他人がどう思おうが、反対しようが、自分の意見を話さずにはいられないのだ。
　どうしてそうなのだろうか。1つには、わたしの気質であり、両親によれば、昔からずっとこうらしい。またわたしは、しっかりとした意見を持つことで興味深い人間になると思っている。

　親友は、わたしとはテレビ番組から（わたしは彼女のお気に入りの番組はまったく見ない）、食べ物（わたしは肉が大好きだが、彼女はベジタリアンである）、ばい菌（わたしは昼食前に手を洗うが、彼女は瓶詰めの特別な消毒剤を使う）まで何から何まで意見の合わない、刺激的な

女性である。

　でも彼女と一緒にいるととても楽しくなる。それは彼女が物怖じせずに自分の意見を話すからだけではない。彼女がいるだけで部屋の雰囲気が明るくなり、彼女の意見に賛成するかどうかは別として、だれもが彼女と話したくなるだろう。わたしは彼女と一緒にいると、退屈することはないし、憂鬱な日も楽しくなる。

　しっかりとした意見を持ち、それを臆することなく話すことは1つの勇気ではあるが、意見を変えることもまた1つの勇気である。
　あなたがベジタリアンだろうが、民主主義者であろうが、不可知論者であろうが、意見を変えていけないわけではない。強い信念はもつべきだが、新しいアイデアを学び、自分の考え方を変える余裕ももってほしい。自分のアイデアや意見に忠実になるために、いつもの自分に縛られる必要はない。人生経験や出会った人々から何を学ぶかは自分しだいである。そして、学んだことによって気が変わったなら、それが絶対的な真実だと思っていたことであれ、変えることである。

　問題と原因を考え、重要なことは話す勇気をもってほしい。しっかりとした意見を持ち、臆することなく表明することで刺激的な人生を歩んでほしい。たとえみんなが反対しようが、みんなはあなたの正直さと大胆さに爽やかさを感じ、興味深い会話に発展するだろう。さらに、何かを信じることは、充実した豊かな人生を歩む上で必要不可欠である。あわただしい日常生活に埋没するのは簡単だが、人生はそれよりももっとすばらしいものである。

歳をとればとるほど趣味が固定されるという記事を読んだことがある。人は、40歳を超えると新しい種類の音楽や新しい歯磨き粉を好きにならないようである。わたしはまだ40歳にはなっていないが、それがまちがっていることを証明したい。生きてほしい。吸収してほしい。経験してほしい。**しっかりとした意見を持ち、何歳であろうが、それを変える可能性を捨てないでほしい。**人生を楽しんでほしい。

　人生のさまざまな側面について学び、それらについて自分の意見を整理してみれば、本当に関心のある事柄はごくわずかしかないことに気づくだろう。**そうした事柄に情熱を燃やせば、やがて自分にぴったりの組織が見つかり、そこで新たな気持ちで働けるだろう。**
　そのような組織を見つけることができないなら、自分で組織を立ち上げてもいい。途方もなく思えるかもしれないが、**怖じ気づくようなことをやらなければ勇気ある人間にはなれない。**自分が与えうる影響力を考え、情熱を燃やし続け、自分のすべてを投入してほしい。

　勇気づけられる話を1つ紹介しよう。
　エミリー・スピバックは、10歳のときから、母親が繰り返し乳ガンと闘っているところを目の当たりにしてきた。
　彼女は、妹の面倒を見たり、雑用をこなしたり、問題を起こさないようにして母親を助けようとしたが、母のガンが再発したとき、母親の回復にもっと関わろうと思った。
　彼女は、母親が着心地のいいファッショナブルな服を着ると、体調が

良くなるのに気づいたので、母親が乳房切除手術を受けたあと、より着心地のいい服を探した。

彼女は、母親を助けたことがきっかけで、非営利団体ショップ・ウエル・ウィズ・ユーを立ち上げる気になった。その使命は、ガンを闘い抜いた人たちにファッショナブルな服を着させることによって回復を早めることであった。彼女は母校ブラウン大学で、ビジネスプラン発表会で優勝したあと、開業資金を獲得した。

ニューヨーク市に移り、数ヶ月の努力の末、ショップ・ウエル・ウィズ・ユーを立ち上げた。彼女は全力を注ぎ、この団体を成長させ、何千人の女性に貢献した。勇気をもって生きることは、いかに驚異的なことだろうか。

◆しっかりとした意見を持つためのヒント

しっかりと考えて自分なりの意見を持ってほしい。次の問題に対し、自分の立場を考えてほしい。興味が湧くものも湧かないものもあるだろう。しかし、いずれも大きな刺激となるだろう。

* 政治――あなたは革新派？　中立派？　保守派？　それはなぜ？
* 環境問題――お気に入りのレストランがリサイクルを実施していない店だと分かったら、通うのをやめるだろうか。
* 家族/仕事――魅力を感じる仕事や機会のために、家族との時間を犠牲にするだろうか。

＊宗教──神の存在を信じるだろうか。
＊人々──性善説と性悪説のどちらを信じるだろうか。
＊自由──安全性が高まるのなら、市民の自由をある程度犠牲にしてもいいだろうか。
＊愛国心──国産品であれば多少高くても買うだろうか。
＊同性愛──ゲイやレズビアンの結婚についてどう思うだろうか。
＊死刑──死刑には賛成？　反対？　その理由は？
＊わたしは（　　　）に強い関心をもっている。

〜チャレンジしよう〜

強い関心をもっている問題をリストし、その話題が出てきたら、自分の意見を明確に表明しよう。自分の意見が反映されるところで努力しよう。自分の意見にぴったりの組織を探そう。

恐怖心を捨てよ

Have No Fear

単なる偶然によって、驚くほどすばらしい経験をする人もいるだろう。しかし、興味深く活気ある人生を歩むには、莫大な勇気と信念が必要であることが多い。
　ただし、スーパーマンになる必要はない。だれでも大きな変化を求めたり、新しい経験をしたりするのは怖いのだ。
　自分の勇気を信じ、どんな状況でもすばらしいものを引き出してほしい。
　冒険を歓迎し、行き詰まることがあっても、再び立ち直ってほしい。恐怖心を捨てるためのヒントが必要なら、すぐに次のページを読み始めてほしい。

不平不満家は相手にしない

もし、ローザ・パークスがモンゴメリのバスの座席に座る前に
投票権を持っていたなら、彼女はいまだに
バスの座席に座っていなかっただろう。

——メリー・フランシス・ベリー（教育家）

数年前、非常に頭の切れる同僚と一緒に働いていた。彼女に悩んでいる仕事のことを話すと、彼女はいつもわたしが考えたこともない方法を教えてくれた。それはありがたかったのだが、わたしはいつも会話が妙にしぼむのを感じていた。

わたしには非常にすばらしいビジネスプランがあった。考えただけでもワクワクするほどのプランだった。しかし、ある日それを彼女に話したところ、次々と失敗する理由を指摘されたのだった。その多くはまっとうな答えだった。しかし、まるで「そんなバカげたアイデアがうまくいくわけないでしょう」とでも言わんばかりの口調であった。彼女はわたしのアイデアを聞くまでもなく反対しているようだった。

突然あることに気づいた。彼女は不平不満家だったのだ。
彼女は他人のアイデアや計画を聞くと、本能的に、失敗する理由や、達成できない理由、バカらしい理由を見つける。それが正しいかどうかは関係ない。わたしは彼女と話をしたあとは、ビジネスアイデアを遂行する気がまったくなくなる。

その後、彼女と少し距離をおくことにした。反対意見を聞くこと自体はいいことだと思うし、いろいろな意見を聞く価値はある。
しかし、話していると気が滅入ってくるような人だったら、その人から離れたほうがいい。
不平不満家は無視してほしい。アイデアをけなしたり、プランの欠点を見つけたり、夢を壊す知人・友人はだれにでもいる。自分の不安をご

まかすために、そうする人たちもいる。

　自分に自信がある人は、他人を落胆させることはしない。悲しいことだが、他人の成功を妨害したがる人もいるのだ。不平不満家のなかには、自分の態度に気づかずに心から手助けをしようと思っている人もいるかもしれない。しかし、そんなことは関係ない。**あなたが何かをしようとしていて、それをだれかに話したあと、気が滅入るようなら、その人を無視することだ。**

　そうしなければならない理由を説明しよう。

* 自分を落胆させる人とつきあうほど人生は長くはない。
* 不平不満家が完全にまちがっている可能性は極めて強い。
* 本当に成し遂げたいことであれば、何回かかろうとも、それを成し遂げる方法を探すはずである。
* 他人のアイデアやプランに難癖をつける人は、高貴な動機ではなく、嫉妬やどん欲さが動機になっていることが多い。
* 成功を望んでくれている人に囲まれたほうが、目標や夢が実現する可能性が高くなる。

　メリー・スプリオが、独身者向けの国内雑誌を発行するために、深海科学者としてのキャリアを捨てる決心をしたとき、家族や知人・友人から猛烈な批判を浴びた。しかし、彼女の決心は固かった。

　彼女は、NASAで宇宙に知的生物を探し出す仕事をしたあと、地球上の人々の、コミュニケーションの手助けになるものをつくりたいと思うようになった。まわりの人たちから批判されたが、悩みはしたものの、

失望することはなかった。

彼女は不平不満家と闘いつつ、ほとんどが男性で占めるクラスを卒業してロケット科学者になった。そして今回も、うまく不平不満家を無視することができた。成功するか失敗するかを決めるのは自分自身なのだと彼女は信じ、それは職を変える上でも役立った。

彼女は自分のしたいことをやり続け、ついに人気雑誌『One2One Living』を発刊した。だが他人からのアドバイスを一切無視したわけではなかった。事実、他人からのアドバイスによって長所を伸ばし、短所を直した。ただ、自分自身を信じていた。夢を生き返らせ、必要なことはすべてするつもりであった。

信頼している人から、「あなたは失敗する」と言われたら、自信を失うだろう。建設的な批判と不平不満家の破壊的な言葉とを区別してほしい。本当にしたいことを続けようと思ってワクワクするなら、それはあなたの勇気が話しかけているということだ。それに耳を傾けてほしい。

何かを成し遂げたいとき、それを実現させるか否かを決めるのは自分だけだ。たしかに、努力はすぐには報われないかもしれないが、本当にやりたいことなら、方法は見つかるだろう。**不平不満家とは縁を切り、夢の実現に役立つアドバイスや援助を与えてくれる人を探そう。**

~チャレンジしよう~

自分のまわりにいる不平不満家の名前を書き出し、彼らの否定的な態度を無視するなり、彼らと過ごす時間を減らすなりしよう。

17

人生の回り道をする

冒険はそれ自体が目的になりうる。
勇気を奮い立たせる秘訣は、自分自身を知ることである。

——グレイス・リキテンシュタイン（作家）

「目標を掲げなさい」
「自分がどこに進んでいるかを知りなさい」
「方向性を持ちなさい」

わたしたちは、このようなアドバイスを絶えず、両親や先生、カウンセラー、自己啓発書、雑誌の記事などから受けている。

こうしたアドバイスを否定するつもりは毛頭ない。わたし自身、幼いころからこのようなアドバイスを受けて、目標を掲げてきたからだ。

目標や人生の方向性は何度か趣が変わったものの、目標を掲げずに生きることはまずなかった。

しかし、人生の目標から回り道をする勇気をもたなければ、行き詰まっていただろう。

企業法律家としてのキャリアを追い求めるのをやめて、執筆に専念することがどれほど生きがいのあることか考えなかったはずだ。安定している仕事を辞め、自分で会社を立ち上げることも考えなかっただろう。もし長期計画にしがみついていたら、今ごろわたしは何をしていただろうか。

人生の回り道をしてほしい。

20年後まで計画を立てている人もいるだろうし、1週間の計画もままならない人もいるだろうが、したいことをする自由を自分に与えることだ。

人は人生を歩みながら、学び、変化する。幸せになるために回り道をするかどうかは自分しだいだ。したいことがあるのなら——たとえば、

大学に入り直したり、転職したりしてみたいなら——どうすれば人生を破綻させることなく、それらを試せるか考えてみよう。

　回り道のいいところは、望みさえすれば、いつでも元の人生に戻ることができることである。回り道が気に入れば、全力でそれを追い求めてもいい。つまり、大学に正規入学したり、転職したりするのである。

　数年前、編集者を探していたときのことである。送られてきた履歴書の１つは、１つ妙なところを除けば、非常に印象的なものであった。応募してきた女性は大学を６年かけて卒業していたのだ。彼女の経歴は申し分なく、野心的な女性のように思えた。

　そこで彼女に電話をかけて、大学時代の経験と、卒業に６年かかった理由を聞いてみた。すると、友人が靴の会社を立ち上げるのを２年手伝っていたことが分かった。

　彼女は大学を休学しようとは思っていなかった。しかし友人はすでに卒業しており、彼女の卒業が待てなかったらしい。そこで彼女は大学を続けながら手伝い、新しいビジネスを立ち上げることがいかに楽しいかを知った。卒業すると、当初の目的であった大学院進学ではなく、小さな会社を作ってキャリアを積む決心をした。彼女は自分が選んだ道に満足しており、回り道をしてまったく新しいことができたことに感謝していた。

　回り道をすることは、より楽しく華やかな人生が送れるだけでなく、追い求めていることが本当にしたいことなのかを判断する最良の方法である。とことんやるか、方向転換するかを決めるには、していることか

ら離れてみなければならないことが多い。

　たとえば、大企業で働いていると自分のしたいこともできず、気がおかしくなりかねない（横柄な上司もいることだし）。そこで、回り道をして、独立し、コンサルタントとなったらどうだろうか。すべてが自由になり、自分が自分の上司になれる。顧客の誘惑から、プリンターカートリッジの交換まですべてを自分１人でこなし、１日24時間労働を数年続けたあと、会社員のほうがマシだったと思い直す。
　なぜなら、会社員であれば、仕事に集中できるし、税金のことを考える必要も、営業電話をかける必要もないからだ。

　回り道をしなければ、気に入らないところがあっても、今の会社が自分にぴったりであることに気づかないかもしれない。独立したコンサルタントとして働くストレスを味わえば、大企業で働くことがいかに安全かが分かる。今の会社がそれほどひどい会社でないことが分かれば、たとえ上司に耐えられなく思っても、少々のことは乗り切れるようになる。言い換えれば、回り道をすれば、今の人生の良さが分かるのだ。
　回り道をすることが最善ということもあるし、それが夢を実現する唯一の方法なのかもしれない。

　アレキサンダー・アルレッドは、小さいころから作家志望であった。映画の脚本を書いたこともあったが、芽は出なかった。しかし彼女は大学、結婚、出産を通して、作家になるという願望を貫いた。
　ある日、ESPNのボブスレーの競争を見ていたときのことだった。彼

女は、女性の競技者がいないことに気づいた。ボブスレー協会に電話をかけて、その理由を聞いた。すると、女性には危険すぎるので許可されていないという返事が返ってきた。
　彼女は、自分を競技者として入れてほしいと頼んだ。驚いたことに、1ヶ月後、運動歴を書面にして送ってほしいという電話を受けた。彼女がそこに書き入れられるのは、武道だけだったが、それでもオリンピック研修センターのボブスレーキャンプに招待された。彼女は、まったく経験がなく、しかも、子供のお守をしながら、どうなるかも分からないまま行った。

　これこそが回り道なのである。彼女は、ボブスレーの競技のトレーニングを受けるなどとは夢にも思わなかった。けっして万能選手ではなかったが、猛練習してコーチをうならせ、その後もキャンプに戻ることを薦められ、毎回身体を磨いて戻ってきた。
　女性が競技することが初めて認められた1998年、彼女は全米のボブスレーで優勝し、米国オリンピック委員会より、アスリート・オブ・ザ・イヤーを受賞した。しかも、優勝したとき妊娠4ヶ月半だったのだ。

　この成功は、彼女が昔から抱いていた作家になるという夢につながった。彼女の処女作は、作家になりたいと思い続けた何年ものちに、思いがけない回り道をしたあと1996年に出版された。彼女は今や12冊の著書を出しているが、そのほとんどはスポーツに関する本である。
　彼女は経験から1つ学んだ。それは、新しいことに進んで挑戦すれば、それが夢の実現に役立つということである。

回り道をすることは、女々しいことではない。あなたが未知の領域に踏み込めば、家族も友人も心配するだろう。計画に沿っていないから、迷う可能性も高い。そういうときこそがんばらなければならないのだ。

　回り道をすればどうなるのかは、けっして分からない。回り道をすれば、エステ＆スパ・ビジネスに対する関心が真剣なものなのかどうかが分かるかもしれない。あるいは、スパにときどき行けば、それで満たされることが分かるかもしれない。しかし、回り道をしなければ、けっして分からないし、自分が何に感動するかが分からなければ、選択肢すらない。

◆人生の回り道の羅針盤

次のクイックガイドを使って、どの人生の回り道を追い求めるか、その後、どこへ進みたいかを見極めてほしい。

1. かねてからやりたかったことで、現在の人生設計に合わないものを３つ書き出しなさい。
2. それらをどれだけやってみたいかを３段階で評価しなさい（１＝できればやってみたい、２＝やってみたい、３＝ぜひやってみたい）。
3. その難易度を３段階で評価しなさい（１＝極めて難しい、２＝難しい、３＝それほど難しくない）。
4. 上記２および３の合計点を出しなさい。合計点の高い順に

回り道をすべきであることが分かる。
5. 回り道に乗り出すために必要となる特別なステップを3つ書き出しなさい。
6. 人生の回り道に乗り出しなさい。そして、ときどき、新しい経験について好きなことと嫌いなことを書き出しなさい。
7. この回り道を人生の一部にするか、ときどきやるのかを決めなさい。
8. もし回り道を自分の主たる道にしようと決意したら、そのための計画を立てて、思い切ってそれを実現しなさい。

～チャレンジしよう～

自分がどこに進んでいるか、どんな回り道をしたいかしばらく考えてみよう。少なくとも1つは、すぐに始めよう。それが何につながるかは、やってみないかぎり分からない。

18

最悪の事態になってもなんとかなりそうなら、リスクを冒す

何のリスクも冒さなければ、何もかも失うことになりかねない。

―――ジーナ・デイビス（女優）

わたしが1LDKのアパートで夫と一緒に出版社を立ち上げてから数ヶ月後、初めて現実にぶつかった。思っていたよりはるかに大変であることが分かったのだ。本は思ったほど売れず、経費は予想をはるかに超え、続けるか、やめるかの決断を迫られていた。

　会社を立ち上げるために使ったお金はすべて無駄になるかもしれない。もしやめてしまったら、お金は多少残るにしても、自分の会社を持つという夢を諦めたことになる。しかし、たとえ失敗しても、自分たちが夢を追いかけてベストを尽くしたこと、その過程でいろいろなことが学べることは分かっていた。
　わたしたちは、最悪の事態を想像してみたところ、苦しいだろうが、なんとか耐えられると思った。それに気づいて、何をすべきかが明らかになった。それは、リスクを負いながらも、続けるべきだということだった。

　最悪の事態になってもなんとかなりそうなら、リスクを冒してほしい。最悪の事態がどんなものか簡単に分からないこともあるだろう。しかし、イメージすることはできるだろう。
　たとえば次のようなことである。

　　　＊やりたい仕事ができない。
　　　＊事業に失敗する。
　　　＊パン屋を開店してもまったく客が来ない。
　　　＊自分の本が批評家に酷評される。

＊誘った男性に断られる。
＊誘った男性がひどい人であることが分かった。

 それぞれのリスクに対する最悪の事態は、ひどく、耐えられないように思えるかもしれない。しかし、ときには深刻な状況にもなるが、ほとんどは短い間だけひどいのであり、しばらくすれば、なんとかなるものだ。そしてその過程で何かが学べる。
 たとえば、先に述べた最悪の事態を乗り越える方法を考えてみよう。

《やりたい仕事ができない》
 今の仕事をしながら、別の仕事を見つける。あるいは、自分で事業を立ち上げる。

《事業に失敗する》
 他の会社で活かせる経験を得る。あるいは、次の事業を成功に導くための経験を得る。

《パン屋を開店してもまったく客が来ない》
 家族や友人たちを無料で招待し、あなたが作ったチョコレートチップクッキーについての意見を聞く。また、販売戦略についてもいろいろ意見を出してもらう。

《自分の本が批評家に酷評される》
 大作家の多くも、批評家に度重ねて批判されていることを理解し、次

の本の執筆に取りかかる。

《誘った男性に断られる》
　しばらくは気分は良くないだろうが、デートで使うはずだったお金で親友をおごる。意外と楽しいかもしれない。

《誘った男性がひどい人であることが分かった》
　帰宅途中でお気に入りの映画のビデオを借り、ポップコーンを食べながら、その男性のことなど忘れる。

　最悪の事態になっても生きていけるものである。**最悪の事態は考えておくべきだが、それにとらわれないでほしい。本当にやりたいことがあるなら、いかに困難に思えても、がんばってほしい。**
　やりたい仕事を手に入れることであれ、最高の小説を書くことであれ、ルックスを変えることであれ、本当にやってみたいことなら、やってみることだ。
　人生は1度しかない。今やらなければ、するときなどないのだ。

　リスクを負うことは、恐ろしくもあり、ときに心細いものでもある。
　わたしの友人が会社を立ち上げるために、慣れた仕事を辞める決心をしたとき、家族も友人たちも彼女を批判した。彼女は、みんな心配してくれているのだと言った。しかし、彼女は1人だけでがんばらなければならないので不安だった。

リスクを負うことは必ずしも楽しいものとはかぎらない。

それはけっして簡単なことではない。しかし、自分が追い求めていることが本当にやりたいことであるなら、やるべきなのだ。もしやるのなら、自分の目標に対して取り組むに十分なエネルギーと精神力を見つけ、自分を支えてくれる人を探すことだ。

もし、まだリスクを冒すことが怖いのなら、リスクを冒さなければどうなるかを考えてほしい。

あとから振り返って、「もっと勇気を出せば良かった」と後悔しないだろうか。本当にやってみたいと思うことをやるより、今のままのほうがいいだろうか。「やればよかった」「できたかもしれない」「すべきだった」と後悔しないだろうか。リスクを冒したらどうなるかを考えてみてほしい。そうすれば、リスクを冒して失敗するほうが、何もしないよりもマシであることが分かるだろう。

~チャレンジしよう~

　冒してみたいリスクを1つ選び、それを行うことで起こりうる最悪の事態を書き出してみよう。それぞれの最悪の事態に対して、それに取り組む上で役立つものをいくつか書き出してみよう。

　それが終わったら、深呼吸して、思い切ってリスクを冒してみよう。

すばらしい夢を描く

驚くことが起こりうるのが人生である。

―――エレン・グラスゴー（小説家）

大学時代、将来してみたいことを親友とよく話したものである。一緒に立ち上げたい事業を考え、どうしたら成功を収めることができるか考えたり、仕事の心配なしに世界一周旅行に出かけることを話したりした。わたしたちは、実現できることを信じて疑わなかった。
　あなたは、そんなわたしたちを世間知らずだったと言うかもしれない。しかし、わたしたちは自分たちのプランの多くは実現が困難であることを知っていた。気にしなかっただけである。すばらしい夢を描くことは、わたしたちにとって必要なエネルギー源だったのだ。

　大学卒業後、離ればなれになり、会う機会もほとんどなくなった。また、遠く離れているせいか、将来の夢を語ることもなくなった。そのことを残念に思っている。というのも、1人だけで夢を描かなければならなくなったからだ。わたしにとって、将来のすばらしい可能性を夢見ることはドラッグのようなものだ。それは、わたしを大いに奮い立たせてくれ、目標を追い求める上でぶつかる困難な障害物を乗り越えさせてくれるものだ。

　すばらしい夢を大いに楽しんでほしい。大いに想像力を働かせ、最高の夢を描いてほしい。現実的かどうかは考える必要はない。多くの人は、現実的すぎるあまり、大きな夢を忘れがちなのだ。
　オーディションを受けるのなら、すばらしい演技をしているところを想像してほしい。競技やコンテストに参加するのなら、最高の演技をしている自分や優勝しているシーンを思い描いてほしい。展覧会を開くのなら、優秀な批評家が競ってあなたに会いたがっているところを想像し

てほしい。

　何をするにしても、自分を安売りしてはならない。大きな夢を実現させようと思えば、大きな目標を掲げなければならない。大きな夢を実現する自分を思い描ける人は自分以外にいないのだ。
　夢や目標を達成していくうち、予期していなかった難局にもぶつかるだろう。成功を疑う日も出てくるだろう。幸運な人なら、家族や友人から支持や励ましが得られるかもしれない。
　しかし、**成功を信じることほど励みになるものはない。夢を実現するためには励みになるものが必要だが、最大の励みは、最良の結果を想像する恍惚感だ。**
　成功する前に、成功しているところを想像してほしい。

　あなたは、もっともすばらしい夢に浸るあまり、失望することまで考えていないかもしれない。全力を尽くしても、イメージした結果からほど遠いことが分かったら、どうすればいいのだろうか。大いに失望するだろうが、それは自然なことなのだ。失望するのは楽しいことではないが、夢を描かずして何も成し遂げないよりはるかにいい。
　夢の実現を保証する絶対法則など存在しない。しかし、勤勉さ、継続力、忍耐力、家族からの励ましなどがなくても、最高のシナリオが実現することを夢見てほしい。

◆夢を描くための語彙

> いつの日かかなえたい夢を描くための言葉を紹介しよう。目標を追い求めるときは必ずこのような言葉を使ってほしい。

- ＊印象的な ＊信じられない
- ＊夢のようだ ＊たいそうな
- ＊超越した ＊素敵な
- ＊驚嘆すべき ＊息をのむようだ
- ＊驚異的な ＊この世のものと思えない
- ＊とびぬけた ＊立派だ
- ＊抜群だ ＊すばらしい

〜チャレンジしよう〜

人生の目標を考え、それを実現するもっともすばらしい方法を想像しよう。それを書き出し、すべての障害物を克服し、もっとも大きな目標を達成するために使おう。

怖がらない

人生をどれだけ楽しめるかは、どれだけ勇気を出すかで決まる。

——アナイス・ニン（小説家）

某大手出版社がわたしの原稿（本書）に興味をもち、会いたいと言っているという電話を代理人からもらったとき、うれしさのあまり、飛び上がってしまった。

　しかし、冷静になって、実際の打ち合わせのことを考え始めると不安になった。考えれば考えるほど、その出版社がわたしの原稿を買いたがらない理由が浮かんできたからだ。数日後、これ以上ないというほど不安になった。

　そんな状態では打ち合わせに出られないことは分かっていた。打ち合わせに出るからには、それなりの自信をもっていなければならないだろう。そう考えて怖がらないことにした。

　とことん分析するのが好きなわたしは、その出版社がわたしの著書を出版しない理由をすべてリストしてみた。そしてそれぞれの横に、そう言われたときにどう反論するか書き出してみた。

　たとえば、次のように。

《断られる理由》
本を出すのは初めてである。

［反論］
　本を出すのは初めてだが、執筆経験は豊富である。記事もコラムもたくさん書いてきているし、わたしの出版社から出す本はすべて編集やリライトをしている。

《断られる理由》
わたしの著書の販売促進網がない。

【反論】
すでにできあがった販売促進網はないが、可能なすべての促進網を使って販売促進をしようと思っている。わたしは自分の著書にはつねに情熱をもっているし、その出版社とともに販売促進網を築いていける。

リストを作ったあと、恐怖心がまったくなくなったと言えばウソになる。しかし、その出版社が言うであろう断りの理由と、それに対する反論を考えたことでさらに自信がついたことはたしかだ。

打ち合わせは首尾よくいった。予想していたことも聞かれたが、それ以外にも、この本を本当に読んでみたい人のことや、この本を書きたいと思った理由などいろいろなことを話した。怖がっていたままだったら、自信をもって打ち合わせに行けなかっただろう。

怖がらないでほしい。困難なことや、重要な会議、以前失敗した仕事に直面したとき、怖がるのはまったく自然なことである。しかし、わたしたちは本能より強いし、恐怖心を打ち消す力ももっている。

最初の、もっとも重要なステップは、不安を克服できると信じることである。いったん信じてしまえば、あとは簡単だ。早速、不安になっている理由をリストアップし、その1つひとつをじっくりと考えればいい。

反論しようと思えば、どんな点が反論できるだろうか。これには創造

性が必要かもしれない。しかし、あなたは勇敢なはずだ。恐怖心を打ち消す方法を思いついたあとは、しばらく置いておいてほしい。それが本当だと心から信じないかぎり、効果はないだろう。

　たとえば、社長面談や、顧客へのプレゼンテーション、聴衆の前での実演などのチャンスが与えられたとしよう。チャンスが与えられたということは、あなたができると思っている人がいるということである。

　コツは、自分でできると確信することである。恐怖心を完全に取り除くことができないなら、その恐怖心は心の中に閉じ込められているものとしてイメージしてほしい。それができれば、本当の自分を全力で出し切ることができるだろう。

　何かを望めば望むほど、その分余計に不安と闘わなければならなくなる。しかし、感情はコントロールできるということを忘れないでほしい。

　もし、理屈で感情をコントロールできないのなら、真っ向から恐怖心に向かい合って克服してほしい。あなたを恐れさせるそれぞれの状況や行動を分析するかわりに勇気をふるって、その中に飛び込んでほしい。恐れていることを認め、がんばってほしい。あるいは、恐れている状況を意図的につくってほしい。

　たとえば、大勢の前で話すのが怖いのなら、顧客の前でプレゼンテーションをしてみるといい。膝はガクガク震え、手のひらは汗ばみ、心臓は胸から飛び出しそうになり、そのようなことをした自分を呪うかもしれない。

　しかし、恐怖心と面と向かえば、自信がつき、恐怖心よりも自分のほうが強いことが分かるにちがいない。

パトリシア・バロノウスキが高所恐怖症を克服したときのことをお話ししよう。

彼女は勇敢な女性だったからある日、スカイダイビングに行くことにした。もし、スカイダイビングができれば、高いハシゴの上に立つことなど何ともなくなるはずである。

その結果どうなっただろうか。高所恐怖症が治っただけでなく、スポーツが好きになり、スカイダイビングの資格も取り、自分が何でも克服できることを知ったのである。

どんな人でも、恐れることはある。それはまったく自然なことである。しかし、何もせずに、怖がったままなら、勇気があるとはいえない。怖いからといって何もしないにしては、人生はあまりにもすばらしいものなのだ。恐怖心と向かい合って克服してほしい。

◆次のような恐怖心は捨て去ろう

＊これはできない。
＊もしやってみて失敗したら、その次はさらに恐ろしくなる。
＊わたしの仕事が気に入ってもらえなかったらどうしよう。
＊今やってもうまくできそうにないので、あとでやろう。
＊今までやったことがない。
＊友人たちはわたしができるとは思っていない。
＊わたしは成功するほど賢くない・強くない・経験がない。

～チャレンジしよう～

恐れているモノ・行動・状況を3つ書き出し、それぞれに対する短期計画を立て、それらから解放されるよう試みよう。

ともかく
やってみることだ

It's Your Daring Life

一日一日は夢を実現させるためにある。だから、何もせずに過ごしたり、悩んだり、へばっていてはならない。興味深いことや意義のあることをしながら楽しく生きられるかどうかは本人しだいである。

　チャンスにかける、悪癖を断つ、年齢を忘れる、得意不得意を忘れる……。こうしたことも本人しだいである。充実した人生を歩むためのアイデアをこれから紹介していこう。

21

たまには得意だと思えないことを やってみる

できないと思っていることもやってみるべきだ。

──エレノア・ルーズベルト（元大統領夫人）

わたしは高校以来、家族や友人とのスキー旅行を20回くらいは避けてきただろう。というのも、わたしにはスキーは無理だと思っていたからだ。1度試したことはあったが、転んでばかりだった。そんな恥ずかしい思いは二度と味わいたくなかった。

　バカげていると思うだろうか。たしかに、バカげている。その後、わたしはスキーリフトから転落したときの不格好さを気にしているくらいならスキーの練習をしたほうがマシだと思うことにした。恐怖心を乗り越えられたことで多少元気づいた。転んで雪に埋もれたり、怪我をしたりしたこともあったが、今では、丘から下まで一気に滑り降りることができる（もちろん、急な斜面でなければだが）。

**　たまには得意だと思えないことをやってほしい。思っていた以上にひどい思いをするかもしれない。しかし、だから何だというのだ？**
　失敗はおもしろいことではないし、劣等感も感じるが、楽しい機会を逃すほど愚かなことはない。たとえ得意になれなくても、趣味として楽しめるかもしれない。完全主義者になろうと思わないことだ。

　もちろん、興味のあることを試してみた結果、プロ並みに上達することもある。それまで試さなかった自分がいかに愚かであったかに気づくだろう。何であれ、できないと思っているものに対する恐れを克服できれば、人生は楽しいものになるだろう。

　あなたは編み物を1回試してうまくいかないからといって、できるようにならないと思うだろうか。編み物の初心者コースに参加してみればいい。

ローラースケートは楽しそうだが、以前やってみたところ、転んでばかりいた？　優しそうなインストラクターを探せばいい。十分なプロテクターを身につけ、挑戦してほしい。
　ヨガは楽しそうだが、以前屈伸したときに足の指まで手が届かなかった？　初心者用のヨガのビデオを手に入れて自宅で試すなり、ヨガ教室に通えばいい。

　本当にしたいことなら、たいていは学ぶことができる。そのために重要なことを述べておこう。

1. できないと自分に言い聞かせるのをやめる。
2. 他人がどう思うか気にしない。
3. やりたいことが本当にうまくできるようになった自分を想像する
4. すぐにやる。やるのを遅らせれば遅らせるほど怖くなる。

　ある友人はサルサ（訳注＝ラテンアメリカ系のダンス）を習いたいと思っていたのだが、思っているだけで、結局やらずじまいだった。難しそうだったし、うまく踊れなければ人から笑われると思っていたからだ。
　そんな彼女が1年前に転職した際、数週間、自由時間が取れた。年末年始だったので、彼女は例年のごとくサルサを学ぶという新年の決意をして終わりにするのではなく、実際にサルサを学んでみようと決意した。彼女はいくつかの教室に通い、また自宅でも練習し、数ヶ月後にはラテンアメリカまで行き、数週間かけてサルサをマスターした。サルサの中

心地でサルサが大好きになったのだ。

　サルサは彼女の生活の一部になったが、仮にサルサをマスターしていなかったとしても、できないと思っていたことに挑戦したことにより、自信がつき、新しいことにもっと挑戦するようになっただろう。

　ユーモアのセンスをもってほしい。なにがなんでも一流になろうと思わなければ、人生はもっと刺激的になるだろう。

◆「うまくできる自信がなくても、とにかくやってみたいこと」の例

* ＊自分には無理だと思っていたダンス教室に通う。
* ＊詩、ショートストーリー、小説を書く。
* ＊5キロ走、10キロ走、マラソンのトレーニングをする。
* ＊困難な仕事を率先してやる。
* ＊大声でカラオケを歌う。
* ＊レシピを見ずにケーキを作ってみる。
* ＊自分の気持ちを口に出して言う。
* ＊メキシコ料理の店でスペイン語で注文する。
* ＊スキー、絵画、料理を学ぶ。
* ＊自室を装飾する。

> **〜チャレンジしよう〜**
>
> うまくできる自信がなくても、やってみたいと思うことを2、3書き出してみよう。

年に少なくとも1度は整理する

わたしは、長い間、獲得することはすばらしいと思っていた。
しかし、放棄するのもまたすばらしい。
それは息を吐き出すのと似ている。

———ヘレン・ヘイズ（女優）

前にも書いたが、わたしは几帳面すぎる。家でも職場でも、ものを整理するのが大好きなのだ。実際にやってはいないが、スパイスや調味料の瓶にはラベルを貼りたいと思っているくらいだ。

　整理が行き届いていれば、重要なことに集中できるので、いつも整理するように心がけている。本の原稿を探すのに1時間を費やすくらいなら、その時間ですべてのファイルを整理し、残りの時間を実際の執筆時間にあてたいのだ。
　そんなわたしにとって、散らかった状態は最大の敵である。小さなアパートに住んでいるせいか、すぐに散らかってしまう。わたしはいつも不要なものは捨てるようにしており、夫にもそうしてくれるように頼んでいる。それでも、雑誌や新聞、旅行の土産物、誕生日プレゼントなどですぐに物がたまってしまうのだ。

　そこで年に数回は、まる1日を整理に費やすことにしている。部屋、押し入れ、引き出しを見てまわり、役に立たなくなったものは無理にでも捨てている。これはけっして簡単なことではない。昨年買ったおかしなシャツは1回しか着ておらず、今見ても楽しい。しかし、もう1度着るかどうか自問して、答えがなかなか出てこないようなら、捨ててしまう（可能なら、質屋へ持って行くが）。アパートの部屋を整理すれば、気分もすっきりするし、安らぎさえ感じる。

　先日、わたしは「物理的な散らかし」を片づけるのはうまいが、「精神的な散らかし」は放置しがちであることに気づいた。

友人と電話で口論になって険悪なムードになっても、そのままにしておくことが多かった。また、心配ごとがあっても、決断をずるずると遅らせるだけだった。
　このような「精神的な散らかし」は、古い靴を捨てるように簡単には捨てられない。しかし、思い切って捨てることにした。１００％の成功とはいえないものの、活き活きと生きる上で役立っている。

　少なくとも年に１回は人生の整理整頓をしてほしい。数時間を取っておいて、見つけうるありとあらゆる散らかりを片づけてほしい。そうすれば気分もすっきりするし、人生をコントロールできるようになる。
　第１ステップとして、居間と事務室を整理しよう。押し入れ、引き出し、瓶、倉庫を見て回り、次のいずれかに当てはまるものは捨てよう。

　　＊何か分からないもの。使い方が分からないもの。
　　＊前回いつ使ったか・着たか・見たか思い出せないもの。
　　＊次回いつ使うか・着るか・見るか考えても分からないもの。
　　＊２つ以上持っているが、１つしか使ったこと・着たことを思い出せないもの。

　自分に厳しくなってほしい。感傷的な気分に浸ってはいけない。
　「このひどいイヤリングは着けたことなどないけど、夫に出会った記念の年に買ったものだから……」
　たしかに、一生とっておきたい大切なものもあるだろう。しかし、例外を作りすぎてはいけない。

保管しておくと決めたものを整理することも有益である。ファイリングキャビネットは、レシートなどを保管するのに便利だ。古い写真のすべてを保管しなければならないのに、アルバムに整理するのが大変なら、文房具屋で箱を買って、その中に保管すればいい。中に入っているものが分かるように、ファイリングキャビネットおよびそれぞれの箱にラベルを貼っておく。些細なことだと思うかもしれないが、整理されていない大量の写真を見るよりも、ラベルが貼られた箱を見るほうが安心できるだろう。

　物理的スペースを整理整頓したら、第2ステップに進む。つまり、「精神的な散らかし」を取り除くのだ。飲み物を用意して椅子に座り、気を重たくさせていることを考えてほしい。正直になればなるほど、「精神的な散らかし」が見つけやすくなる。

　簡単なリストを作ってほしい。書き出してしまえば、いつも目に入ってくるので、無視できなくなる。次に期限を決め、その期限内に「精神的な散らかし」を処理してほしい。
　「来週の火曜日、わたしは妹に電話して、仲直りをしたい」は「いつか妹に電話しなければならない」よりはいい。リストと期限を守ろう。「精神的な散らかし」を取り除けば、取り除いた項目を横線を引いて消しておこう。大いに安らぎを感じることができ、生産的なことに集中できるだろう。

◆整理整頓のためのチェックリスト

《物理的な散らかし》

*古雑誌、古本、古新聞
*古着、古い宝石、古いコート、古い靴
*散らかった物、記念品、お土産物
*使うことのない皿やスパイス

《精神的な散らかし》

*延々と悩み続けていること
*解決しなければならない争いごと
*下さなければならない決断
*終えなければならない計画

～チャレンジしよう～

カレンダーを見て、整理整頓をする期日を決め、印をつけよう。その日になったら、片づけたい物理的な散らかし・精神的な散らかしをリストし、全力で取り組もう。

とにかく始めよう。
どうなるかはそれから考えよう

わたしの長所はチャンスが現れたら、それを逃さないこと。
ひょんなことから幸運な出来事が起こりうることを
覚えておいてほしい。

―――スーザン・サランドン（女優）

わたしは、自分の将来が分かったら、どんなにすばらしいかとよく思っていた。

「今日この仕事に就けば、2年後には昇進し、5年後には重役になり、10年後には本当にしたい仕事をしている。しかも、責任の重い、興味深い仕事であり、報酬も高い」

　あるいは、

「今日この仕事に就けば、頼りない上司の下で働くことになるだろう。そして昇進の機会もないまま、行き詰まってしまう」

　もしこのようなことが分かれば、追い求めるべきチャンスが分かり、無駄なことに時間を費やさずにすむだろう。

　しかし5年後の人生が見通せる魔法の鍵穴が存在しないことを幸運だと思う（仮に存在したとしても、わたしにはどこにあるか教えないでほしい）。望む結果だけを期待して生きていても成長することなどない。

たとえ望みどおりにならなくても、それを求めるプロセスのなかでさまざまなことを学び、成長することができるのだ。もし将来を見通せる鍵穴をのぞいてしまったら、その機会を失ってしまうことになる。また、一生懸命に取り組む自尊心が得られることもないし、自分自身について学ぶこともないだろう。わたしたちは失敗や困難にぶつかって初めて何かを学ぶことができるのだ。安逸をむさぼるだけの人生なんて想像しただけでゾッとする。

　やりたいことがあるなら、思い切って始めてほしい。どうなるかを考えるのはそれからでいい。チャンスが訪れたとき、必要なステップをす

べて調べたり、それが最終的にどうなるかを分析したりしていてはキリがない。
　進んでいる方向がだいたい分かり、それが自分が進みたい道なら、それに飛びつくことだ。それは思ったとおりのことかもしれないし、それ以上かもしれない。あるいは、それはまったく違った方向に自分を導いていて、何をすべきかを決めるチャンスかもしれない。

　いずれにしても、そこまで行って、新しいものを探ることもできるし、スタート地点に戻ることもできる。学んだことは、何らかの形で人生に活かせる。今日することが将来の自分の人生にどんな影響を及ぼすかを正確に知ろうとするあまり、すばらしいことが起こる可能性をつぶさないでほしい。もし、最終的にどうなるか分からないという理由で何もしないとすれば、「何もしないというリスク」を冒すことになる。

　たとえば、疎い業界で、乗り気のしない新しい仕事をする決心をしたとしよう。あなたは理想的なチャンスが巡ってくるのを待っているには人生は短すぎることを知っている。たいていの場合、不完全なチャンスしかないのだ。
　そこで、あなたは仕事を引き受けたとする。１年後、その業界は思っていた以上に刺激的だと分かる。あなたは懸命に働き、昇進し、思い描いていた以上に興味深く、報われる仕事をしているかもしれない。
　あるいは、まったく逆のことが起こるかもしれない。仕事がいやになってしまうかもしれない。しかし、その過程で、すべきことが10個ほど見つかる。より多くの知識を蓄えて新しい仕事を探すかもしれない。

いずれにしても、より充実した楽しい人生を歩めるのだ。

ここでアレックス・ラムセイを紹介しよう。

彼女は経験が不足していたが、それに臆することなくにチャンスをものにした。食べるのが好きだった彼女は、若くて経験もなく、妊娠しているときに、レストランを始める決心をした。それは、彼女が以前から望んでいたことであった。しかし、それがいかに大変であるか考えたことがなかった。

彼女は、子供を産んだ1週間後、そばに赤ん坊を寝かせたまま台所で料理をする羽目になった。というのも、2人のシェフが突然逃げたからである。彼女は、何ヶ月か眠れない日々を過ごし、金銭的にも苦しんだのち、自分のレストランを売却することにした。

数ヶ月後、アレックスの友人が彼女に地方紙にゴシップコラムを書かないかという予期しないオファーを持ってやってきた。彼女は、書いた経験もあまりなく、どうなるかも分からないまま引き受けた。彼女は、生活のペースをガラリと変えなければならなかったが、執筆の仕事はしばらくの間は楽しいものに思えた。彼女はその仕事を4年間続け、まったく新しいスキルを身につけ、各界の有名人をインタビューする機会に恵まれた。

その後、さまざまな経験を積んだ彼女は、やがて行き詰まりを感じ、もっと充実感が得られることをしたいと思うようになった。

別の友人が彼女の近所に引っ越して、ビジネスコミュニケーションの

スキルを向上させるためのノウハウを教えるビジネスを始めたいと考えていた。彼女はアレックスに一緒に会社を立ち上げようともちかけ、2人は実行した。その会社は急成長し、アレックスはビジネスを立ち上げることだけでなく、インターパーソナルコミュニケーションについても学び、12年後にはそのスキルを活かして自分自身のコンサルティング会社を立ち上げ、現在に至っている。

　アレックスはすべてのチャンスを思いどおりにものにしたわけではない。しかし、それぞれは貴重な経験や教訓になっている。

　自分に与えられたチャンスにかけてほしい。どうなろうが心配する必要はない。自信をもって突き進むことだ。人生をより充実させ、より刺激的なものにするすべてのチャンスを活かしてほしい。

◆とにかくやり始めたほうがいいもの

* おもしろそうなこと
* 進みたい方向とだいたい合っていること
* 試したことがないこと
* 会ってみたい興味深い人がやっていること
* 最後のチャンス
* どうしてもやってみたいこと
* 思いがけず巡ってきたチャンス

〜チャレンジしよう〜

　目の前にあるチャンスを2、3書き出し、勇気を出して始めてみよう。たとえ、したいこととぴったりではなくても、また、それがどうなるかが分からなくても始めよう。

24

年齢を気にしない

どう死ぬかとか、いつ死ぬかなど考えてはならない。
わたしたちにできることは、今どう生きるかを
決めることだけだからである。

————ジョーン・バエズ（フォークシンガー）

何歳のときは何をすべきかと考えることは、必ずしもよいことではない。それによって気がおかしくなることもある。

　毎日読む記事を思い出してほしい。20代はどんな服を着るべきか、30代は何を食べ、どんな仕事に就くべきか、40歳までにいくら貯めるべきか……。

　わたしは、まっとうなアドバイスには何ら反対はしない。

　しかし、「何歳のときは何をすべき」というアドバイスは、不必要な強迫観念を抱かせるだけだと思う。

　あなたが何歳でどんな仕事をしているか気にする人などいない。あなたが年齢に合わない服を着ていることを気にする人もいない。同年代の人がすることをしなければならないというルールなどない。高校生ではないのだから、同級生と同じことをしなければならないというプレッシャーなど感じる必要はない。自分の人生なのだから、何歳で何をするかなんて自分で決めればいいのだ。

　年齢を気にせずに生きてほしい。一日一日は、新しいこと、刺激的なこと、楽しいこと、意味のあること、充実感のあることをするチャンスである。生きたいように生きてほしい。

　わたしたちは完全な世界で生きているわけではない。だから、延々と続く障害物や制限のなかで目標を実現する方法を見つけなければならない。年齢をその障害物にしてはならない。

　あなたは何かしたいことがあっても、「わたしがこれをするには若す

ぎる」とか、「これをするには歳をとりすぎている」と思っているかもしれない。
　もしそう思っているのなら、ただちにそう思うのをやめて、
「だれと比較して若すぎるのだろうか」
「だれと比較して歳をとりすぎているのだろうか」
と自問してほしい。
　何かの統計の平均とだろうか。社会の基準だろうか。何歳になったら何をすべきだという友人たちの意見だろうか。これらのどれも、あなたが何歳のときに何をしたいかとは無関係である。

　わたしはこの本を書いている間、エミリー・キンボールと知り合いになった。彼女は、自分に合った生き方をすれば、何歳だろうが、すばらしい人生が歩めるという格好の例である。

　エミリーは、普通は30歳ですることを60歳で実行した。アパラチアントレイルからジョージアを通ってメーンまでの2168マイルをハイクしたのである。この偉大な冒険に挑戦するには彼女は歳をとりすぎていたが、彼女はストレスにも悪天候にも負けなかった。
　彼女は、身体を動かすことが好きであることに加えて、始める前に膨大な研究と準備をすることで、この大変なハイクを柔軟にこなし、（いっぺんにすべてではなく、毎年1ヶ月だけをハイクすることで）9年かけて乗り越えた。

　わたしがエミリーの話を聞いたとき、彼女が9年の旅行の終わりに、

カターディン山の山頂に登りつめたときの彼女の興奮を感じた。彼女はまさに世界の頂点にいたのだ。そして、そこにいるとき自分の年齢も夢の実現に９年かけたことも、まったく気にならなかったにちがいない。彼女は、何歳であろうが「したいときにすること」を人生訓としており、そのメッセージを伝えるべく世界中を講演してまわっている。

　もし、何かをしたくても、若すぎるとか、歳をとりすぎていると思っているのなら、年齢に合わないと思うことをたまにやってみればいい。若者ばかりが集まるコンサートに行くのもいいだろう。高齢者ばかりが集まりそうな美術館に行くのもいい。寄ったことのなかった店にショッピングに行くのもいい。自分が考えている年齢の限界を取り払ったら何が起きるか試してほしい。
　次の２つのうちいずれかが起きることだろう。
（１）あなたがしたことをだれも気にしない。
（２）変わったこと、独創的なことをしたあなたは尊敬される。

　この章の冒頭で、他人がどう思うかを気にするなと書いた。
　これは極めて重要なことだと思っている。わたしたちは他人が考えていることに影響されるし、それを元にして自分の意見を決めることも多い。だから、小さなことを試してみてほしい。そして、年齢に合わないことをしても世の中が終わりになることはないと分かったとき、その現実を受け止め、年齢を気にしないようにしてほしい。
　若すぎるからとか、歳をとりすぎているからと悩んでいる暇があったら、その間にできることをすべて考えてほしい。

◆年齢を気にしない方法

* ここ10年間にやっていなかったことで、本当にしたかったことを毎週してほしい。たとえば、バナナスプリットを食べる、好きな音楽を聴きながら家のまわりを踊り回る、夏にスプリンクラーの水を浴びながら走るなど。
* 「年齢に合わないことをする日」をつくり、同年代の尊敬に値する人がしないだろうと思われることをしてほしい。
* この次、だれかから年齢を聞かれたら、実年齢より低くても高くてもかまわないから、好きな年齢を答えてみよう。
* 同じ年代の人がしそうにないことを5つ書き出し、それぞれ1度か2度してほしい。
* 誕生日を祝うかわりに、適当に日を選んで、「非誕生日」を祝ってほしい。それぞれの日を、自分が好きな業績や成功を祝う日にしてほしい。

～チャレンジしよう～

若すぎる、または、歳をとりすぎているという思いから、していなかったことを3つ書き出し、来週、少なくとも1つは実行してみよう。

25

新しい習慣を身につけるために年に6週間を費やす

> 完成された人は退屈な人である。
>
> ──アナ・クィンドレン(作家)

ピアノ教師である母は、わたしの歌声を褒めてくれる。母は、わたしが家でハミングしているのを聞いており、カラオケパーティで歌ったときは感動していた。

　しかし、歌がうまいからといって、聞き上手だとはかぎらない。わたしは考えごとで頭がいっぱいになっているとき（そういうことはよくあるのだが）、相手が言おうとしたことが分かると、話の途中で遮ったり、話題を変えたりすることがある。そこで数年前、人の話にもっと耳を傾ける習慣を身につける決心をした。

　ちょうどそのころ、ある習慣を身につけるには通常６週間かかることをラジオで聞いた。そこで、それからの６週間で、もっと人の話に耳を傾ける習慣を身につけることにした。その間、どんな理由があっても、人の話を遮らないことに決めた。

　そんなある日、通勤途中にレンタカーの店に寄った。カウンターで店員の話を聞いていると、彼はすべての保険について延々と説明し始めた。わたしは運転歴も長く、ほとんどの保険については熟知していたが、決めたことは決めたことである。わたしは彼の話を遮ってはならないのだ。わたしは舌をかんだまま、ひたすら彼の話に耳を傾けた。

　このテクニックは、人の話を遮ることを防ぐ上で大いに役立つ。人の話によく耳を傾ける習慣を形成するこの６週間の間に、わたしは聞いていることに集中し、それ以外のことを考えないようにした。つまり、行動リストのことや仕事のことを考えないようにしたのだ。

　６週間後、わたしは本当に人の話をよく聞くようになっていた。わた

しはいまだによく喋るほうだが、人の話をよく聞けるということは、相手にとってもいいことである。

新しい習慣を身につけるために１年に６週間を捧げてほしい。もっとたくさん水を飲む、毎日新聞を読む、会議で１番に発言する、エアロビクスを毎日するなど、何でもいい。だれでも良い習慣を身につけることができる。だから、これからの６週間を人生をより良くする習慣を身につけるために使ってほしい。

あるいは、どうしても我慢できない悪癖があり、その悪癖を取り除きたいと思っている人もいるだろう。日にちを決めて、その日から６週間を、その悪癖を取り除くために使ってほしい。６週間に特別な意味はないが、人生を変えることに集中するにはちょうどいい長さである。習慣づける行動を始めれば、やがてそれが習慣になる。

その６週間を始める前に、しばらく時間を取って、新しい習慣をつける（または古い習慣を取り除く）ために、毎日行う具体的なステップを書き出してみよう。具体的であればあるほどいい。考えなくてもいいように、毎日の行動リストを作ったほうがいいだろう。

たとえば、ジムに通う回数を増やすと決めたとしよう。その場合、リストに入れるべきアクションステップは次のようになる。

＊仕事に出かける前に、ソファの上にジム用のウエアを置いておく。

* 帰宅するやいなや、ジム用のウエアに着替えて、スニーカーをドアの前に置く。
* 天気が悪かろうが、忙しかろうが、月曜から木曜の午後7時から8時と、土曜日の午前11時から正午までは必ずジムに行く。
* 行動リストおよびカレンダーの該当箇所に「ジムに行く」と書き入れる。
* ジムでは、トレーナーに個別メニューを作ってもらい、メニューどおりに運動する。

これは例を示したにすぎない。具体的であればあるほど、6週間がより効果的になる。身につけようとしている、あるいは、取り除こうとしている習慣が重要でないように思えるかもしれない。しかし、小さな変化が大きな差をもたらすのだ。

もし、あなたが悪癖に悩まされているのなら、あるいは、何かをすべきなのに（たとえばもっと水を飲むべきなのに）していなかったら、人生を楽しめなくなるはずだ。

◆身につけたい習慣

* 言うべきことは言い、相手にも言うべきことは言ってもらう。
* 毎日、歩く、走る、階段を上る、縄跳びをする、運動するなど、血行が良くなることをする。

* リサイクルをする、投票する、古着は捨てずに寄付するなど、世のためになることをできるだけ頻繁にする。
* 始めたことは、つまらなかろうが、疲れようが、最後までやり抜く。
* タバコ、食べ物、アルコール、コーヒーでストレスを解消しない。そのかわり、自分を落ち込ませている実際の問題に取り組む。
* 日に1度、だれかを微笑ませる。あるいは、大笑いさせる。
* 時間に遅れない。
* 友人の誕生日を覚えておき、おもしろい手製カードをプレゼントして驚かせる。

～チャレンジしよう～

身につけたい、または、取り除きたい3つの習慣を書き出し、その1つを実現するために6週間を費やそう。

楽しく生きる

Laugh a Little, Live a Lot

たまには心の底から笑おう。そして、もっとも困難な局面をユーモアのセンスで乗り切ろう。
　人生には、怒ったり、悲しくなったり、気が滅入ったり、不幸になったりする理由がありすぎるくらいある。そんなときでも落ち込まずにすむだけの理由が探せるかどうかは自分しだいである。だから、躊躇してはならない。理由はなくても、にっこり笑うことだ。ここでそのためのヒントをお教えしよう。

26

人生を大いに楽しむ

一瞬一瞬を生きている人は輝いている。

————マヤ・アンジェロー（詩人）

悩みや後悔、日程表のことは何もかも忘れて、一瞬一瞬を楽しむだけでよかった日は、最近あっただろうか。

たしかに、だれもが、ときどき本当に好きなことをする。本を読む、映画に行く、夫（または妻）と時を過ごす、子供と時を過ごす、ペットと時を過ごす……。

しかし、たまには型にはまった生活から抜け出し、人生を大いに楽しむ必要がある。だれにでも「ああ、幸せ！」という瞬間が必要なのだ。

わたしは、数年前、その大切さに気づいた。わたしも夫も数ヶ月働きづくめで、心身ともに疲れ果て、文字通り、息切れがしそうだった。わたしたちは、夜の仕事をときどき休んで外食したり、映画を見に行ったりしたが、本当にしたいことをしばらくしていないことに気づいた。

そこでニューオリンズに小旅行に出かけることにした。まだ訪れたことのない街だったが、ジャズやおいしい料理や楽しい人々でいっぱいだと聞いていたからである。わたしたちは、予算を大幅にオーバーする豪華なホテルに泊まり、ニューオリンズをあますところなく楽しんだ。

わたしたちは、仕事のことは一切話さないことにして、自宅に来ているメールも留守電もチェックしなかった。

わずか４日間だったが、ずっと長く感じたし、リフレッシュできて、忘れられない思い出でいっぱいになって家に帰った。

たまには、思い切って人生を大いに楽しんでほしい。あなたは働きづくめで、英気を養う休憩が必要なのかもしれない。あるいは、延々と続く変わり映えのしない生活にうんざりしているかもしれない。そんなと

きは人生を楽しんでほしい。思い切って、刺激的で楽しいことをしてほしい。

　行きたくても行く余裕のなかったレストランに行くのもいい。週末を民宿で過ごすプランを立てるのもいい。夫婦水いらずで遊園地に行ってもいい。むずむずしたら、おもしろい行動を計画するときなのだ。

　楽しむことを思い出す必要などないと思う人もいるかもしれない。わたしはそれは違うと思う。現代の多忙な社会においては、ストレス・心配・責任を忘れて、楽しむ必要があることを忘れてしまいがちだ。きっとあなたは、楽しい数時間（数日）を今すぐ持てない言い訳を思いつくだろう。

　「そんな余裕などない」
　「子供がいるからできない」
　「仕事で頭がいっぱいだ」
　「そんな気分になれない」……。

　しかし、そんな言い訳を封じて、楽しみでいっぱいの休憩を取ってほしい。想像力を働かせば、それほどお金や時間をかけなくても大いに楽しめる。しばらく子守をしてくれる人（家族、友人、隣人）を探し、仕事もリフレッシュしてからしたほうがいい。冒険する気になれないとすれば、まさに、すぐにも楽しい時間を計画する必要があるだろう。

◆大いに楽しむためのヒント

＊度胸試しをする

　２つのグループをつくり、各グループに突拍子もないパフォーマンスを課す。

　想像力を活かして、ピザ店でピザを作るのはどうだろうか。大道芸人になるのはどうだろうか。大通りでドラッグクイーン（女装の男性同性愛者）を演じるのはどうだろうか。

　各グループは使い捨てカメラを持って、度胸試しをしている証として、パフォーマンスをしている自分たちの姿を写真に納めてみよう。

　パフォーマンスが終わったら、写真を現像し、数時間歓談し、だれのパフォーマンスがもっとも勇敢だったかを話し合ってみよう。

＊世界で一番好きな人と一緒に週末をどこかで過ごす

　予算をオーバーするような民宿に行ってみよう。

　暖かい（あるいは寒い）ところに駆け込み旅行をしてみよう。旅行用のWEBサイトで駆け込み旅行できるところを探し、思い出深い旅行を楽しんでみよう。

＊やりたくてもまれにしかできないことをしてまる１日を費やす

　あなたはずっと自分の街をツーリストとして旅行したかったのかもしれない。あるいは、新しいスケートリンクを目にし、そこでスケートの練習がしたかったのかもしれない。あるいは、電話もテレビもパソコンもないところで、世の中から完全に連絡を断ち切った形で、自分と向か

い合って、まる1日を費やしたかったのかもしれない。今日こそ、それを実行に移す日だ。

＊身体を存分に動かす

週末をお気に入りのアウトドア活動で埋め尽くし、試したことのない運動にチャレンジしてみよう。たとえば4時間のハイキング、ロッククライミング、いかだ、スノーボード、スキー、スノータイヤで山を下りるなど。頭ばかり使う日々から自分を解放し、普段使わない筋肉を鍛えよう。

〜チャレンジしよう〜

大いに楽しみたいことを2、3書き出し、来月、少なくとも1つを実行してみよう。

27

自分のことを笑う

わたしが長年の間に学んだ重要なことの1つは、仕事に対して深刻になることと、自分に対して深刻になることは違うということだ。前者は必須だが、後者は破壊的である。

———マーゴット・フォンテイン（バレーダンサー）

自慢ではないが、わたしは今まで他人からよく笑われてきた。その原因は、彼らが、ロシア出身のわたしの話すロシア訛りの英語や、ロシア風の服やロシアの習慣が十分理解できなかったからである。

　その後、アメリカ人の友達から聞いたところによれば、人に笑われようと思ったら、発音をまちがえればいいそうだ。

　他人に笑われることはおもしろいことではない。笑われると、惨めな思いもするし、不安にもなる。

　わたしは恥ずかしがり屋でもなければ物静かなほうでもないが、アメリカに移住後の何年かは、まちがってものを言ったり、心ない同級生たちから笑われたりするのを恐れて、口数が少なかった。

　歴史の授業中に、ある箇所を読むように言われて、大きな失敗をせずに読んでいたつもりだった。しかし、最後の言葉を読んだとき、先生に、「heabsは最初のhは発音しなくていいのよ」と言われ、クラスのみんなに大笑いされたのを覚えている。

　わたしのクラスには、移住してきた女の子がもう１人いた。彼女が話す英語はわたしよりもひどく、しかも本当におかしな弁当を持ってきていたが、クラスメイトから笑いものになることはなかった。

　わたしにはその理由が分からず、同じテーブルで一緒に昼食をとるまでは、彼女のことを羨ましく思っていた。数分後、彼女の秘密が明らかになった。彼女は、他の生徒から笑われる前に、自分で自分を笑っていたのだ。彼女は何かまちがって言うと、「ああ、変な言い方」とにっこり笑うのだ。すると、みんなは彼女のことを笑うどころか、手を振って、

「そんなことだれも気にしないよ。気にするなよ」と言うのだった。

　わたしは納得した。そして自分で自分を笑う専門家になろうと決心した。わたしは、英語の発音がおかしかったら、まず自分で認めることにした。また、お母さんが弁当におかしなものを詰め込んだら、まずわたしがにっこりする。有名なテレビタレントがだれだか分からなければ、まず自分で自分の無知を笑う。これはけっして簡単なことではなかった。
　また、いつもうまくいくとはかぎらなかった。しかし、自分自身を笑うことで徐々に人生が変わった。わたしは、愚かしく思える行為も恐れないことにした。そして、こうしたことはすべて取るに足らないことだと考えるようになった。
　自分自身にもっと気楽になることで、同級生たちもリラックスできるようになり、わたしが言ったことやしたことに対する彼らの笑い声が聞こえたら、たいていは、わたしの笑い声と一緒であったり、優しく響いたりした。信じられないことに、みんなを笑わせることがカッコいいことだと思うようになった。

　今やわたしが話す英語はロシア訛りが抜け、アメリカの流行に関しても詳しくなったが、自分を笑う機会があったら、絶対に逃さないようにしている。自分の奇妙な習慣を笑っているにせよ、自分の恥ずかしい行為を笑っているにせよ、わたしはまわりの人たちを巻き込んで、彼らに、わたしは人間であり、愚かなことをするし、彼らと同じように、それをとてもおかしく思っていることを示す。長い間気づかなかったが、自分の失敗を笑えるのは、いつも正しいことをするよりも、他人から尊敬さ

れやすい。

　自分のことを笑ってほしい。自然にできることではないかもしれないが、次に愚かな失敗をしたり、恥ずかしい思いをしたりしたら、まず自分から笑ってほしい。小さいことから始めてほしい。まずは、気をつかわなくていい人と一緒にいるとき安全な場所でやってほしい。それから、たとえば、職場、デート中、パーティなどで試してほしい。腹を抱えて笑う必要はないが、心の底から笑ってほしい。
　やがて、自然に自分のことを笑えるようになり、むしろそれが好きになるだろう。そうすれば、人生に深刻にならなくてすむし、そうなれば、驚くほどの開放感が得られるだろう。

　自分の愚かさを笑えることは、たいしたことではないように思えるかもしれないが、大きな違いをもたらすものである。それはあなたにより自信をもたせ、新しい状況やチャンスにより目を開かせ、よりリスクを冒せるようにする。大勢の前で失敗を犯しても、世の終わりではないことが分かれば、ありのままの自分でいることに自信をもてるだろう。

～チャレンジしよう～

　自分のおかしな性格や、今思い出すと笑いたくなるような恥ずかしい経験を2、3書き出してみよう。そして、そのような場面に今度出くわしたら、まず自分から笑おう。

羽目を外す

すべてのルールを守ろうと思えば、何も楽しめなくなる。
————キャサリン・ヘップバーン（女優）

幼稚園で学ぶことはすべてがすべて役に立つとはかぎらない。おもちゃやクッキーを分かち合うこと、遊技場では押し合わないこと、ありがとうと言うこと……。

たしかに、こうしたことは重要なことである。しかし、ペンキ塗りたてのものには触らないこと、服に合ったソックスをはくこと、列を乱さずに並ぶことは、あたりまえすぎることである。

まわりの世界に目を向けてほしい。みんなルールを守りすぎていないだろうか。わたしたちは、深く考えることもなくルールや慣習に従いすぎているのだ。

たとえば、道路をまっすぐ走り、雑貨店では列をつくって並び、ズボンに合うシャツを着て、書類やメールではスペルチェックをし、レシピどおりに料理をし……。

幼稚園で教わったことはときどき忘れたほうが人生を楽しめる。といっても、ジグザグに運転したり、雑貨店での列を乱したりすることを勧めるわけではない。

ただ、ズボンに合わないソックスをはいたり、年齢に合わない服を着たりするのはどうだろうか。レシピどおりに料理するかわりに、冷蔵庫から適当に食材を10個選んで、料理してみるのはどうだろうか。ワイングラスでジュースを飲んだり、ジュースのグラスでワインを飲んだりするのはどうだろうか。人生がもっと楽しくならないだろうか。わたしなら、声を大にして「そのとおりだ」と答える。

羽目を外してほしい。だれもがときどき、愚かなこと、おかしなこと、

ルールに外れたことをしてもいいのだ。毎日守っているルールの多くは、複雑な世界を生き残るために必要なものである。

　しかし、ルールを守ってばかりいると、人生がつまらなくなってしまう。だから、しばらく真面目になるのをやめてみよう。充実した楽しい生き方をしたいのなら。

　ある友人に会うと、真面目な生活だけではだめだと改めて気づく。仕事が終わって飲みに行くときの彼女の髪は違った色であり、おかしなスタイルである。彼女はきちんとした仕事を持っているが、いつも陽気な服を着ている。彼女はいつも新しいレシピを教えてくれるし、わたしのレシピも知りたがる。彼女はいつ見ても新鮮であり、羽目を外すための見本になってくれている。

　真面目さを忘れ、ときどき基準から外れた行動をすることは難しいことではない。しかも、それは非常にすばらしい効果がある。それによって開放感を感じることができる。また、ルールを守ることは単に1つの生き方にすぎないと気づくことができ、物事をユニークな視点から見ることができるようになる。

　とりわけ、真面目すぎる生き方を忘れる自由を持つことは、活気ある人生を歩む上で役立つ。試して、そのすばらしさを感じてほしい。

◆羽目を外すためのヒント

だれもが、羽目を外すためのヒントが必要だ。そこで、深刻にならずにすむためのヒントをいくつか紹介しよう。

＊1週間、ほかの服とまったく合わない服を身に着ける。おかしなスカーフ、ルーズソックス、明るいバッグ、いつも他人の服についてコメントする人が「どこでそんなもの手に入れたんだい」と難癖をつけたがるようなシャツを着る。

＊「反対」の食べ物を食べる。たとえば、夕食に朝食を食べたり、朝食に夕食を食べる。昼食にお気に入りのデザートを食べる。

＊アルファベット順に並んでいるCDをリシャッフルして、気分によって並び替える。

＊部屋の壁を部屋の雰囲気と合わない明るい色で塗る。

＊次の集まりでは、おもしろい陶器、伝統的なテーブルセッティング、大人の食べ物は忘れる。そして、床の上に食器なしでも食べられる楽しい料理を出す。

～チャレンジしよう～

真面目さを忘れ、今週行いたいことを3つ書き出してみよう。

29

いい気分に浸る

笑うものが幸せになる。

―――メアリー・ペティボーン・プール（作家）

30代以上の人なら、ジョン・キューザックおよびアイオン・スカイの映画『セイ・エニシング』を知っているだろう（あるいは、ロイド・ドブラーおよびダイアナ・コートという映画の中の役名のほうが分かりやすいかもしれない）。

　わたしはこの映画を数年前に初めて観に行った。というのも、夫が、わたしが米国に移住する前の米国の名画をすべて観なければ、本当に充実した人生を歩めないと言ったからである。そして彼の名画リストの中に『セイ・エニシング』が入っていたのだ。

　この映画は風変わりな心の温まるコメディで、あるシーンがわたしに大変な衝撃を与えた。そのシーンで、ロイド・ドブラーは、妹に話しかける（妹役は実の妹のジョーン・キューザック）。彼女は気むずかしく、見るからに不幸であった。恋人と息子に最近逃げられたのがその原因の大部分だった。ロイドは、永遠の楽観主義者であり、妹を見て、「たまには楽しい気分になれないのか」と言った。

　その映画を見た数週間後、なぜか憂鬱な日があった。それがどんなものかあなたにも分かるであろう。何をしてもおもしろく思えなく、普段あまり気にならないことに悩まされ、一日中ベッドの中でふさぎこんでいるという状態である。わたしがもてるプラスの感情は、今日という日が終わりに近づいているということだけであった。

　その日わたしが仕事から帰ってきた時分に、その映画のセリフが頭に浮かんできて、こう思った。

「どうしてわたしは楽しい気分になれないのだろうか。わたしの気分を害するものは何もない。それだったら、どうしてそのように感じてしまうのだろうか」

わたしはのんきなほうではないが、楽しい気分に浸ることはふさぎこむよりもはるかに良いことであり、より充実した、刺激のある人生を歩むのに役立っている（それに、わたしはそばにいて楽しくなる人間である）。

そこで試してみることにした。つまり、特に理由もなく、楽しい気分に浸ることである。

ともあれ、わたしは世界中でもっとも好きな都市に生きているし、健康である。家族も健康だし、嫌いな仕事はしていない。愛している夫もいれば、執筆という夢を実現する時間も十分にある。みすぼらしくはないし、もっとも憂鬱になる日でさえも、十分すぎるくらい十分なのだ。

急に幸せが訪れてくることなどないが、普段はあたりまえだと思っていることでも、それをすばらしいものと考えることによって、気がふさぐことも少なくなった。

楽しい気分に浸ってほしい。毎日にっこり笑ってばかりいなければならないわけではない。人それぞれが違った性格をしており、楽天的に生きるのは簡単だと思う人もいれば、そう思わない人もいる。

しかし、楽しい気分に浸るほうが、ふさぎこむよりは、はるかに良いことはたしかだ。気分がいいときは、希望と自信であふれ、すばらしいものを引きつけやすくなる。

楽しい気分に浸るのに特別な理由は要らない。たしかに、いきなり花

束を渡されたり、恋人や夫、子供から抱きしめられたり、映画館でコメディを観たりすれば、楽しい気分になれるだろう。

　しかし、こう考えてほしい。**生きていること、呼吸をしていること、見ていること、感じていること、歩き回っていることも、楽しい気分になる理由になるのだ。**

　わたしたちはこうしたものをあたりまえのものだと思っている。そう思うのをやめることだ。健康なら、にっこりしてほしい。今日目が覚めたことに、喜んでほしい。そのほうがいいからというただそれだけの理由で、楽しい気分に浸ってほしい。

　もし、憂鬱な日があるのなら、輝かしかった日を思い出してほしい。感情をコントロールし、楽観的に生きてほしい。にっこりと笑って目を輝かせ、ラッシュアワーのときの不機嫌な顔から抜け出してほしい。

　多くの人は、あなたがあまりに幸せそうにしているのを不思議がるだろう。特に理由がなくても、試してほしい。そしてそれがいかにすばらしいか実感してほしい。

　ふさぎこんでいると、月日はいつの間にか過ぎ去っていく。ただ、不幸にも、人生は本当に悲しくなるような、ひどい出来事でいっぱいだ。だからこそ、何も問題がないということだけで喜ぶべき日々を大切にし、最大限活かすべきだ。

　そして、人生をよりエネルギッシュに生きたい。

◆楽しい気分に浸るためのヒント

＊今朝目が覚めた。
＊あなたを愛している人もいれば、あなたが愛している人もいる。
＊呼吸したいときに、いつでも呼吸できるだけの空気がある。
＊楽しい気分に浸ることは、ふさぎこむよりもずっといいことである。
＊すべては変わる。今日は調子が悪くても、仕事でひどい目にあっても、明日は明日の風が吹く。
＊あなたは自由であり、やりたいことは何でもできる（今すぐできないにせよ、あるいは、何がしたいか分からないにせよ）。

～チャレンジしよう～

楽しい気分になれる思い出を2、3書き出してみよう。そして憂鬱になったときにそれを見よう。

30

ありのままの自分を
みんなと分かち合う

ありのままの自分になろう。
なぜなら、それに関しては他のだれよりもうまいのだから。

―――シャリー・ブリックス（ワイルドライフ・アーティスト）

世の中には、ポジティブなエネルギーを発散しているように思える人たちがいる。たとえ最悪の日であっても、彼らのそばにいれば、彼らのエネルギーによって気分が良くなる。そのような人たちとはずっと一緒にいたくなるだろう。

　最近、ある女性と知り合いになったのだが、彼女のポジティブなエネルギーはすぐさま、文字通り、わたしの中に入り込んだ。初めて話をしたときから、わたしはこの人と関わって生きていきたいと思うようになった。
　そのときはお互いが興味をもっている話題について話していたので、それほど不思議なことには思えなかった。しかし、どんな話題であれ、彼女と話していると驚くべきエネルギーが与えられることが分かった。

　彼女はもっとも困難な状況においてさえも、前向きに考える。彼女の生き方を見ていると自分も前向きに生きようという気持ちになる。彼女と時を過ごしたあと、足取りが軽くなり、心臓が速く鼓動し、楽しいこと、創造的なこと、勇気の要ることをただちにしようという気になる。
　文字通り、わたしをエネルギーで満たしてくれる。それは、わたし1人では十分に満たすことのできないエネルギーである。

　ありのままの自分をみんなと分かち合ってほしい。だれもが、独自の方法で、まわりの人たちに希望をもたせたり、力づけたり、自信をもたせたりすることができる。
　あなたは、普通の人が1週間でやるところを1日でやる猛烈な人な

のかもしれない。それがいかに独特なことであるか認識してほしい。また、あなたのエネルギーが他人を助けうることも認識してほしい。
　あるいは、あなたは相当の自信家であり、恐れや悩みを克服する方法を知っているのかもしれない。
　あるいは、あなたはユーモアのセンスをもちあわせていて、何もしなくても、まわりの人を笑わせることができるかもしれない。
　あなたの個性がどんなものであれ、それがいかに独特であり、すばらしいものかを認識してほしい。そして、まわりの人たちにそれを気前よく分け与えてほしい。

　エネルギーを与えるのもいいだろう。恐怖心を消してあげるのもいいだろう。ジョークを言って笑い転がせるのもいいだろう。
　自分の個性を発揮した結果、まわりの人たちにどのような影響が及ぶか正確には分からないだろう。しかし、それが他人の人生に影響を及ぼしているという事実はまちがいないのだ。
　「わたしは、他人を喜ばせることができるような人間ではない」という人もいるかもしれない。もしあなたがそのように考えているのなら、すぐにその考え方を捨てるべきだ。世界中に同じ人間はいない。あなたはあなたが思う以上にすばらしいのだ。

　それを見せびらかすのはおかしいと思うかもしれないが、そう思ってはいけない。楽しく生きるために、あなたのユーモアを必要としている人もいるのだ。あなたは自分が他人を鼓舞しているのかどうか分からないかもしれない。あるいは、自信や心の安らぎを与えているかどうか分

からないかもしれない。しかし、あなたが自分自身になりきり自分らしくまわりの人たちと接すれば、あなたが思う以上に彼らに恩恵を与えていることになる。

　ありのままの自分になるのがスタート地点だ。しかし、次のステップにも進んでほしい。自分らしさをいろいろな人と分かち合ってほしい。
　ユーモアを分かち合いたいなら、WEBサイトを開設して、自分の人生観を多くの人に読んでもらうことだ。あるいは、雑誌の記事やコラムを書いて、あなた独自のアドバイスを与えるのもいい。
　もしあなたに関心事があるのなら、それを促す組織を発足させてほしい。あるいは、あなたに合った組織に加入してもいい。あなたにしかできないことによって他人に恩恵をもたらす方法はいくらでもある。
　自分にとって最善の方法を見つけてほしい。鍵は、自分らしさを見つけることだ。それに自信をもち、臆することなくそれを他人と分かち合ってほしい。世界がすばらしいのは、あなたが生きているからだ。自分自身を楽しんでほしい。しかし、他人があなたの個性を楽しめないくらい利己的になってはならない。

◆世界に分け与えるべきもの

＊八方塞がりだと思えても、続けられるエネルギー
＊他人が悩んでいるときに役立つ人生経験と人生観
＊他人が問題を解決する上で役立つ能力
＊他人がアイデアや願望を実現する上で役立つ考え方

＊真面目な人さえもが笑いだすユーモア
＊独特でかつ肯定的な人生観
＊他人を燃え立たせるエネルギー
＊純粋な優しさと寛大さ

～チャレンジしよう～

自分らしさが最もよく表れるものを2、3書き出し、それをありのままの形でみんなと分かち合おう。

エピローグ
Epilogue
〔or Practice What You Preach〕

　この本を書き始めたとき、わたしはアドレナリンに頼りながら書いていたようなところがある。朝仕事に出かけ、夜仕事から帰ってきて、出版社の仕事を始め、そのあとに執筆に取りかかり、その合間に夫と一緒に食べ物をつめこみ、次の仕事を始める前に30分くらいテレビを見てリラックスする。
　疲れはしたが、同時に爽快でもあった。また、これ以上疲れて、爽快なものはないと思えた。
　しかし、好事魔多しである。今はまさにそういう状態である。わたしは、この本のゲラを薄ら明かりの中で、1ヶ月の赤ん坊を横に眺めながら、チェックしている。

　そうなのだ。わたしたちには赤ん坊がいる。美しく、神秘的な赤ん坊がいる（赤ん坊ってそんなものですよね）。わたしたちの人生に入り込み、疲れているのに爽快であるということがどういうものかを教えてくれた赤ん坊である。赤ん坊が生まれ、すべてが一夜にして変わったのだ。突然、わたしは、赤ん坊の食事から、昼寝、睡眠、おむつなどのことで頭がいっぱいになり、新しいビジネスアイデアや創造的な計画に取り組めなくなった。
　もっとも大変だった3ヶ月を過ごしたあと、わたしたちは初めて喜びを分かち合った。少し楽になり、かんしゃくを起こさずに過ごすことができ

るようになったからだ。そして、数ヶ月間できなかったことができるようになった。わたしは1人きりで散歩にでかけた。といっても、夫が赤ん坊のことで困ったときのために携帯電話を握りしめてではあったが。

　あまりに長い間娘に縛られていたため、1人きりで外出することがあまりにも奇妙に思えた。わたしは歩きながら、自分がいまだに勇気ある人生を歩んでいるだろうかと自問した。今のわたしには面倒を見るべき赤ん坊がいるし、それに伴う責任もあれば、時間も取られる。それでもリスクを冒したいだろうか。したいことばかりやってしまえば、冷たい母親になってしまわないだろうか。いまだに夢を追いかける情熱があるだろうか。

　わたしは母親として学ぶことはまだまだある。しかし、母親になったからといって、勇気ある人生が歩めなくなるわけではない。たしかに、今の決断は、すべて以前のものと違う。というのも、今のわたしには赤ん坊がいるからだ。しかし、それでもわたしは夢を抱いているし、願望もある。そして充実した、豊かな、楽しい人生を生きたいと思っている。だれがなんと言っても、それを変えようとは思わない。たとえ忙しく、責任の重い人生であろうと、それによって勇気ある人生を歩むのをやめてはならない。
　勇気をふるって人生を最大限生きてほしい。

【著者】Natasha Kogan（ナターシャ・コーガン）
ロシア出身。14歳のときに米国に移住し、現在はニューヨーク在住。ウエスレニアン大学卒業。コンサルティング会社マッキンゼー・アンド・カンパニーに勤務したのち、数社の新興企業に管理職として勤務。その後、夫とともに、学生が書いた学生のためのガイドブックシリーズを出版するために出版社ナタビ・ガイドを立ち上げる。同社はその後ペンギングループのペリジー社に売却。自身の業務経験および投資経験を活かし、多くの女性に対して、起業および業務拡大の手助けをしている。現在は某ベンチャーキャピタルに管理部長として勤務。

【訳者】宮崎伸治（みやざき・しんじ）
青山学院大学国際政治経済学部卒業、英国立シェフィールド大学大学院言語学部修士課程修了（言語学修士）、金沢工業大学大学院工学研究科修士課程修了（工学修士）、慶應義塾大学文学部在学中。英米の思想家の翻訳に携わるほか、人生論、英語学習参考書などを著している。訳書にベストセラーとなった『7つの習慣 最優先事項』（キングベアー出版）などが、著書に『自分を磨け！』（海竜社）などがあり、著訳書は約60冊にのぼる。英語・翻訳関連資格25種類、IT関連資格34種類を含む、計85種類の資格を保持。

ほんの少しの勇気で
人生は10倍楽しくなる
だいじょうぶ

2007年6月27日 初版第1刷発行

著者　ナターシャ・コーガン

訳者　宮崎伸治

発行者　河村季里

発行所　K&Bパブリッシャーズ
〒101-0054　東京都千代田区神田錦町2-7戸田ビル3F
電話 03-3294-2771　FAX 03-3294-2772

装幀　井上則人デザイン事務所

印刷・製本　中央精版印刷株式会社

THE DARING FEMALE'S GUIDE TO ECSTATIC LIVING by Natasha Kogan
Copyright© by Natasha Kogan
Japanese translation rights arranged with The Fielding Agency,LLC
through Owl's Agency Inc.
ISBN978-4-902800-54-8

落丁本・乱丁本はお取り替えいたします。